明治時代

1890年当時の郡境・村境と町を表示

Q&Aでわかる近江商人

NPO法人 三方よし研究所

◎はじめに

テレビではタレント出演のクイズ番組が、それなりの視聴率《しちょうりつ》をあげているようです。お笑い番組とはわかっていても、タレントのあまりにも非常識な回答に驚《おどろ》きを覚えるときがあります。関西出身ではないタレントが、近畿《きんき》各府県の隣接《りんせつ》府県を正確に答えられない程度はやむをえないとしても、日本一の大きさを誇る琵琶湖《びわこ》が滋賀《しが》県にあることすら答えられなかった場面では驚きを隠《かく》せませんでした。

しかし、これはお笑い番組の世界だけではないことを思い起こしていました。今から十年ほど前の話ですが、東京《とうきょう》や埼玉《さいたま》で一年余り単身赴任《ふにん》したとき、お出会いした方々のなかには、その関西にかかわる知識がこれらタレントに近い方も少なからずおられたからです。近江《おうみ》商人にいたっては語るまでもありません。

近江商人たちが商業活動の基本にすえた「三方《さんぽう》よし」の理念、「売り手よし、買い手よし、世間よし」は、実業界を中心に企業《きぎょう》の社会的責任（CSR）の源流として、全国的に広く知れわたるようになりました。しかし、今なお滋賀県内においても、実業界などの一部を除けば、「三方よし」の言葉だけがシンボリックに一人歩きをしはじめ、その理念を生みだした近江商人そのものについては、まだまだ多くの方々に知られていない部分があるように思います。

本書は、もとより近江商人研究書を目指したものではありません。先のクイズ番組ではありませんが、Q＆A方式の親しみやすいスタイルによって、近江商人を育んだ滋賀県の次代のにない手である多くの児童たちをはじめ、青少年や大人の方々にも近江商人の商業活動に留《とど》まらず、その人となり、教育方法、文化とのかかわりあい方などについて、より深い知識の視野を広めていただき、日々の生活の見直しやその糧《かて》としていただけることを願って、既刊《きかん》の『近江商人ものしり帖』の姉妹版として発行するものです。

二〇一〇年五月三〇日

淵上清二

Q&Aでわかる近江商人
もくじ

3章●教育

4章●文化

7章●家訓

歴史

Q1

滋賀《しが》県出身のビジネスマンはみな、近江《おうみ》商人とよぶのですか？

近江《おうみ》商人とよぶビジネスマンは、主に江《え》戸《ど》時代に活躍《かつやく》した、近江国《おうみのくに》で生まれ育ち他国（日本各地）に出かけて商業活動を行った人たちのことです。

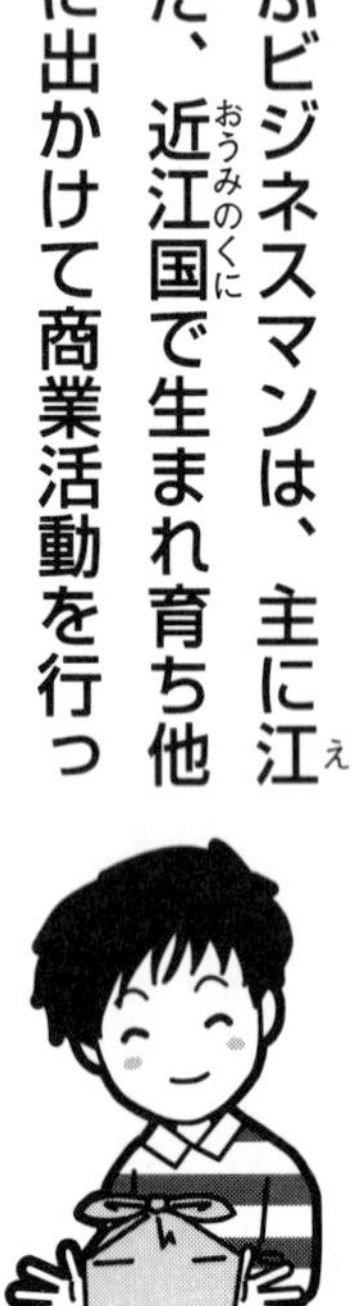

江戸時代の中期に入ると、日本を代表する商人たちは、近江商人をはじめ、博多《はかた》商人、伊勢《いせ》商人、大坂《おおさか》商人、あるいは甲州《こうしゅう》商人などと、その出身地の地名にちなんでよばれていました。近江商人、または江州《ごうしゅう》商人といわれるビジネスマンは、明治維新《めいじいしん》前、滋賀《しが》県が近江とか江州とよばれていたことによります。近江で生まれ育ち、近江に本宅を構えて、他国（日本各地）に出かけて商業活動を行った人たちを、他国（出先地《でさき》）の人々が近江商人あるいは江州商人とよぶようになったのです。

滋賀県の県庁所在地である大津《おおつ》は、琵琶湖《びわこ》の南端《なんたん》に位置し、京の都（京

近江商人は、家族を郷里にのこし、出店で活動

都）や大坂（明治以降、大阪と改称《かいしょう》）に通じる良港として、江戸時代には諸大名の蔵屋敷や蔵元がおかれ、一時期は大津の米相場が全国の基準となるなど、日本経済の中心地となっていました。また、東海道《とうかいどう》の宿場としても大いに賑《にぎ》わいを見せていたので、両替《りょうがえ》商《しょう》や米商い商をはじめとする豪商《ごうしょう》といわれる多くの商人が誕生しています。彼《かれ》らも近江で生まれ育っているので、その意味では近江の商人です。しかし、彼らは近江国内での商業活動を中心とし、他国に出かけての商業活動はしていないので、一般的には近江商人とはよびません。このように近江で生まれ育ったすべての商人は、広い意味で「近江商人」には違いありませんが、一般的に近江商人とよぶ場合には、主に江戸時

代に近江国《おうみのくに》から他国（日本各地）に出かけていって出店《でみせ》を構えるなど、他国で商業活動を展開した商人たちのことをいいます。

また、近江商人といっても、その出身地域はいくつかの限られた地域に分かれ、それぞれ活躍《かつやく》を始めた時期、起源、出かけていった地域、商業活動の方法、そして取扱《とりあつかい》商品も異なるなど、それぞれの地域で特徴《とくちょう》があります。ただし、その商い精神は、「三方よし」としてよく知られている「売り手よし」「買い手よし」「世間よし」に集約される共通理念がみられるのです。

近江商人が最も活躍したのは江戸《えど》時代のことですが、戦国末期から江戸初期にかけては、西村太郎右衛門《にしむらたろうえもん》のように朱印船《しゅいんせん》貿易商として安南《あんなん》（ベトナム）へ渡航《とこう》した者や、シャム（タイ）と交易し、シャム染《ぞめ》をもたらしたとの言い伝えのある岡地《おかじ》（シャムロ屋）勘兵衛《かんべえ》など、海外貿易を行った近江商人も現われています。この海外貿易は、江戸幕府の鎖国《さこく》政策に

近江商人の代表的な活躍分野

よって閉ざされてしまいましたが、関東や東北へ出かけていった近江商人たちは、その地で酒、味噌《みそ》、醤油《しょうゆ》などの醸造《じょうぞう》業などに取り組んだほか、現在の銀行にあたる金融《きんゆう》業なども営み、やがては藩《はん》財政をになう人たちも現われました。また、北海《ほっかい》道《どう》に進出した近江商人のなかには、漁場を開発し、北前船《きたまえぶね》という大型商船で海産物を運送し販売《はんばい》する人たちも出現しました。

このように近江《おうみ》商人といわれる人たちは、江戸《えど》時代を中心に明治《めいじ》初期にかけての近世経済の歴史のなかにあって、文字どおり日本各地で活躍《かつやく》した商人たちです。確かに明治維新《いしん》を迎《むか》えると衰《おとろ》えていった人たちもいますが、明治政府の殖産興業《しょくさんこうぎょう》政策を民間から支え、広域志向の近江商人の特徴《とくちょう》を生かした総合商社や近代金融《きんゆう》機関、繊維《せんい》産業などを立ちあげ、日本の近代国家の発展に貢献しました。そして、彼《かれ》らが商業活動を行う場合の基本的理念としてきた「三方よし」の教えは、その後も近江商人の流れをくむ企業《きぎょう》を中心に生き続け、現在の日本経済と経営のあり方を先取りしたすべての企業に通じる教えとして脈々と引き継《つ》がれています。

歴史

Q2

近江商人が活躍しはじめたのは、いつごろからですか？

近江《おうみ》商人が最も活躍《かつやく》するのは、江戸《えど》時代に入ってからですが、そのルーツの「四本《しほん》（山《やま》越《ごえ》）商人」や「五箇《ごか》商人」は、すでに鎌倉《かまくら》・南北朝《なんぼくちょう》時代に活動を始めています。

日本では鎌倉・南北朝時代に、全国各地で定期的に「市」が開かれるようになり、商品の売買や貨幣《かへい》の普及《ふきゅう》が盛んになっていきます。南北朝時代に近江に開かれた市の数は十八を数え、全国のなかでもトップを占《し》めています。現在、琵琶湖《びわこ》の東岸に「八日市《ようかいち》」という地名がありますが、当時、「八」のつく日に市が開かれた名残《なごり》です。この地では平安《へいあん》時代にはすでに市が開かれていたといわれています。

こうした市で、販売《はんばい》などの特権をもつ座《ざ》商人として商品の売買に従事していたのが、近江の有力公家《くげ》や寺社の荘園《しょうえん》農民たちでした。彼《かれ》らは市から市へと商品を売り歩く本格的な商業活動をしていました。

現在、滋賀《しが》県内各地にある、編《あ》み笠《がさ》・合羽《かっぱ》姿で天秤棒《てんびんぼう》をかついだ近江商人の彫像《ちょうぞう》から行商人のイメージがわきますが、道中の治安が悪かった当時は、長い距離《きょり》を移動するのは大きな危険をともないました。そのため、当時の近江商人たちは村落を単位として隊商を組み、近隣《きんりん》諸国へ商品の仕入れに出かけ、それを自分の国に持ち帰って、市や京の都へ運送販売していたのです。

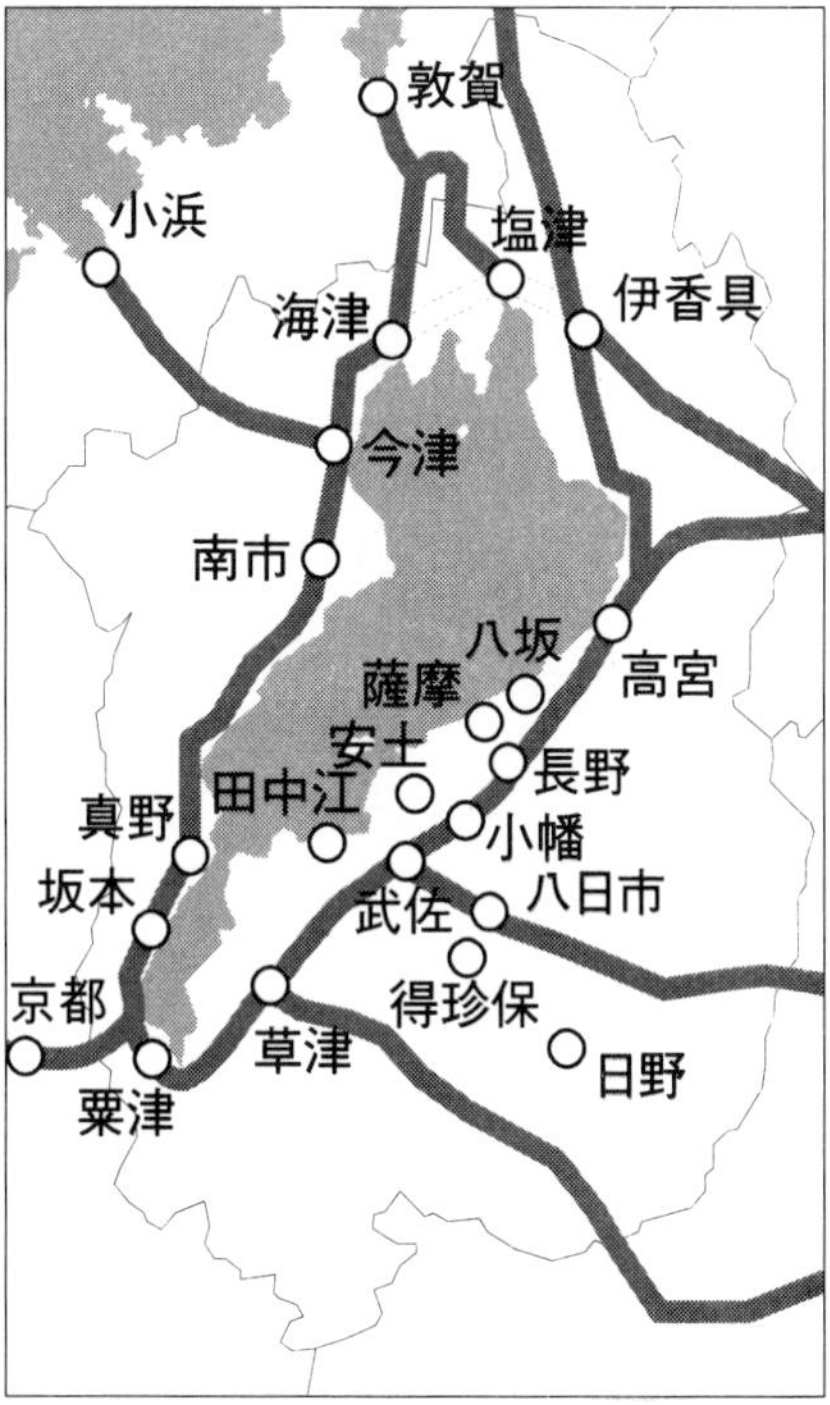

中世の主要な市と街道

当時の近江商人の商業活動の範囲《はんい》は、やがて伊勢《いせ》（三重《みえ》県）・美濃《みの》（岐阜《ぎふ》県）・

若狭《わかさ》（福井《ふくい》県）・越前《えちぜん》（石川《いしかわ》県）方面へと広がっていきました。鈴鹿《すずか》山脈の鈴鹿、八風《はっぷう》・千草越《ちぐさごえ》・鮎河《あゆかわ》の諸峠《とうげ》を越えて、北伊勢《いせ》方面から仕入れた海産物や塩・布などの運送販売《はんばい》をした近江《おうみ》商人たちには、八日市《ようかいち》の野々川《ののかわ》、蒲生《がもう》の石塔《いしどう》、五個荘《ごかしょう》の小幡《おばた》、愛知川《えちがわ》の沓懸《くつかけ》の集落を本拠《ほんきょ》とした四本《しほん》商人がいます。四本①（山越《やまごえ》）商人がもたらした苧麻《ちょま》②・布・紙・塩・海産物・曲物《まげもの》③などは日野市《ひのいち》をはじめ、近江国内の各市場および京の都で売りさばかれました。関ヶ原《せきがはら》に通じる摺針《すりはり》峠を越えて美濃《みの》（岐阜《ぎふ》県）の大矢田《おおやだ》へ紙を仕入れに出かけて、これを京の都に運送販売したのが豊郷《とよさと》町の枝村《えだむら》商人です。また、五個荘の小幡、彦根《ひこね》の薩摩《さつま》・八坂《はっさか》、近江八幡《おうみはちまん》の田中江《たなかえ》、高島《たかしま》（安曇川《あどがわ》）の南市《みなみいち》の五つの村落の商人団体は「五箇《ごか》商人」とよばれています。五箇商人は琵琶湖《びわこ》西岸の九里半《くりはん》街道（若狭《わかさ》街道）を利用し、若狭（福井県）から仕入れた塩合物《しおあいもの》（塩魚）を主に運送販売した商人たちです。彼《かれ》らはこれらの海産物を対岸の豊浦《とようら》・長命寺《ちょうめいじ》・田

①四本商人は、鈴鹿山脈を越えるので「山越商人」ともいう。
②多年草で茎は麻織物の原料となる。
③うすい板を曲げてつくった丸い器。

中世の近江商人の隊商想像図

中江・舟木《ふなき》・八坂・平方《ひらかた》、さらには近江国内各地の市場や京の都などで売りさばきました。この通商路には、文亀《ぶんき》年間（一五〇一～一五〇四）ころから保内《ほない》商人（蒲生郡得珍《とくちん》保《ほ》の商人）が割り込んできて、両者の間に争いが生じたことが知られています。

当時の近江商人の様子は、④名僧《めいそう》の日記にのこっています。その日記には、「荷物をかつぐ人は百余人、それを護《ご》

④横川景三『東遊集』。

衛《えい》する人は六、七十人、荷物を積んだ馬はその数がわからないほどである」と記録されています。このように当時の近江《おうみ》商人たちは、多くの人たちがイメージしている編《あ》み笠《がさ》と合羽《かっぱ》に天秤棒《てんびんぼう》という行商スタイルではなく、百人をこえる大規模な隊商形態をとっていたのです。ちょうど砂《さ》漠《ばく》を行き交《か》う隊商のラクダを、馬に置き換《か》えてみると、その姿が想像できると思います。

このように近江国では、中世から商業活動を営む人たちがいたことが下地となって、江戸《えど》時代に入り道中の治安が安定して商業活動を展開する社会的な基盤《きばん》が整うと、一人もしくは二、三人の小グループで行商に出かけることが可能となり、編み笠に合羽をはおり、天秤棒をかついで行商する近江商人たちが活躍《かつやく》していくことになるのです。

歴史

Q3

滋《し》賀《が》県のなかで、近江商人が生まれた地域は、どこですか？

江戸《えど》時代に活躍《かつやく》した近江《おうみ》商人たちは、その出身地名をとって高島《たかしま》商人、八幡《はちまん》商人、日野《ひの》商人、湖東《ことう》商人とよばれ、大きく分けると四地域から生まれています。

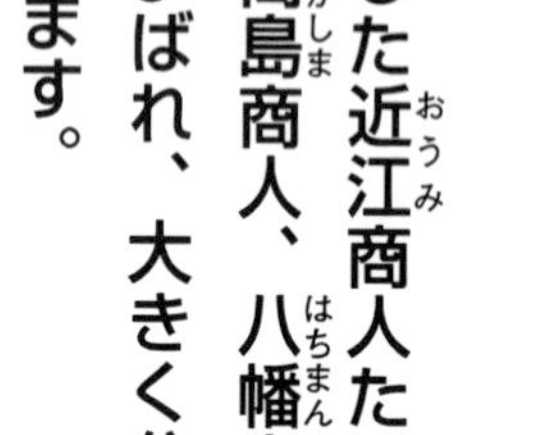

高島商人は、近江商人のなかで最も早く活躍した商人たちです。戦国時代末期に湖西の高島郡（大溝《おおみぞ》）から京都《きょうと》、さらに遠くは東北地方に出かけて商人となった人たちです。彼《かれ》らは木綿《もめん》・古着・雑貨などを取り扱《あつか》い、とくに南部藩《なんぶはん》（岩手《いわて》県）で活躍しています。江戸中期には南部藩領の商業上の権利を一手に引き受けるまでの経済力を身につけるようになります。高島商人と南部藩との関係は、高島商人の中心となる村井《むらい》家と小野《おの》家が大坂《おおさか》夏の陣《じん》の際に兵站《へいたん》（食料や武器などの供給・輸送）をまかされ、盛岡《もりおか》城の創建にも加わったことから、盛岡で店を開くようになり、

次々と一族縁者《えんじゃ》をよびよせ移り住んだことによるものです。

八幡商人は、現近江八幡《おうみはちまん》市の旧八幡町から生まれた商人で、江戸初期に高島商人に続いて早くから活躍しています。彼らは畳表《たたみおもて》①や蚊帳《かや》②の生産など地場産業を育成し、その商品を京都・大坂・江戸へと全国に流通させました。近江八幡は、豊臣秀吉《とよとみひでよし》の甥《おい》である豊臣秀次《ひでつぐ》が八幡城を築き、安土《あづち》城下の商人たちを移住させてひらいた町です。八幡堀《はちまんぼり》とよばれる琵琶湖《びわこ》とつながった運河が設けられ、京と北陸を結ぶ商業交易の要《かなめ》の町となりました。また、徳川家康《とくがわいえやす》が大坂城攻《ぜ》めを行った冬の陣・夏の陣のとき兵站基地となった功績や、江戸の町づくりにも大きく貢献《こうけん》したことから、八幡商人たちには日本橋《にほんばし》の堀留《ほりどめ》付近の一等地があたえられました。これ以降八幡商人たちは、この地に出店を設け、全国に商業活動の販路《はんろ》を広めていったのです。現在も東京の日本橋付近に繊維《せんい》を中心とした滋賀《しが》県出身の企業《きぎょう》が多いのは、このような歴史によるものです。また、

①畳の表に使うイグサの茎を麻糸で織ったむしろ。
②麻などでつくられた蚊を防ぐための寝床の網目のおおい。

八幡《はちまん》商人のなかには、北海道《ほっかいどう》の開拓《かいたく》に力を発揮した人たちや海外貿易で活躍《かつやく》した商人も生まれています。

日野《ひの》商人が生まれた日野の町は、江戸《えど》中期に塗椀《ぬりわん》（漆器《しっき》）や売薬製造などの地場産業が盛んになり、これを行商する商人たちが日野商人となったのです。また、日野は戦国武将の蒲生氏郷《がもううじさと》の城下町でした。氏郷が伊《い》勢松坂《せまつさか》（三重県《みえ》松阪市）、そして会津黒川《あいづくろかわ》（福島県《ふくしま》―のちに氏郷は故郷日野の若松《わかまつ》の森にちなんで会津若松と改称《かいしょう》）に国替《くにが》えとなると、氏郷を慕《した》っていた日野商人たちもまた松坂や黒川に移住し、北関東や東北に行商に出かけていきました。伊勢に移住した日野商人のなかには、そのまま伊勢商人として活躍した人たちもいます。また北関東に出かけた人たちは、その地で味噌や酒、醤油《しょうゆ》などの醸造業《じょうぞうぎょう》をはじめた人たちが多いのもひとつの特徴《とくちょう》となっています。

また関ヶ原《せきがはら》の戦いのとき、日野は鉄砲《てっぽう》の生産地であったので、日野鉄砲三百挺《ちょう》を徳川《とくがわ》方の東軍に献納《けんのう》したことから、徳川幕府《ばくふ》より諸役免除《しょやくめんじょ》の朱印状《しゅいんじょう》があたえられ、幕府の厚い保護を受けたことがきっかけとなって日野商人の関東進出を促《うなが》したといわれています。日野商人たちは、東軍の勝利を確信していたと思われますが、近江《おうみ》商人の

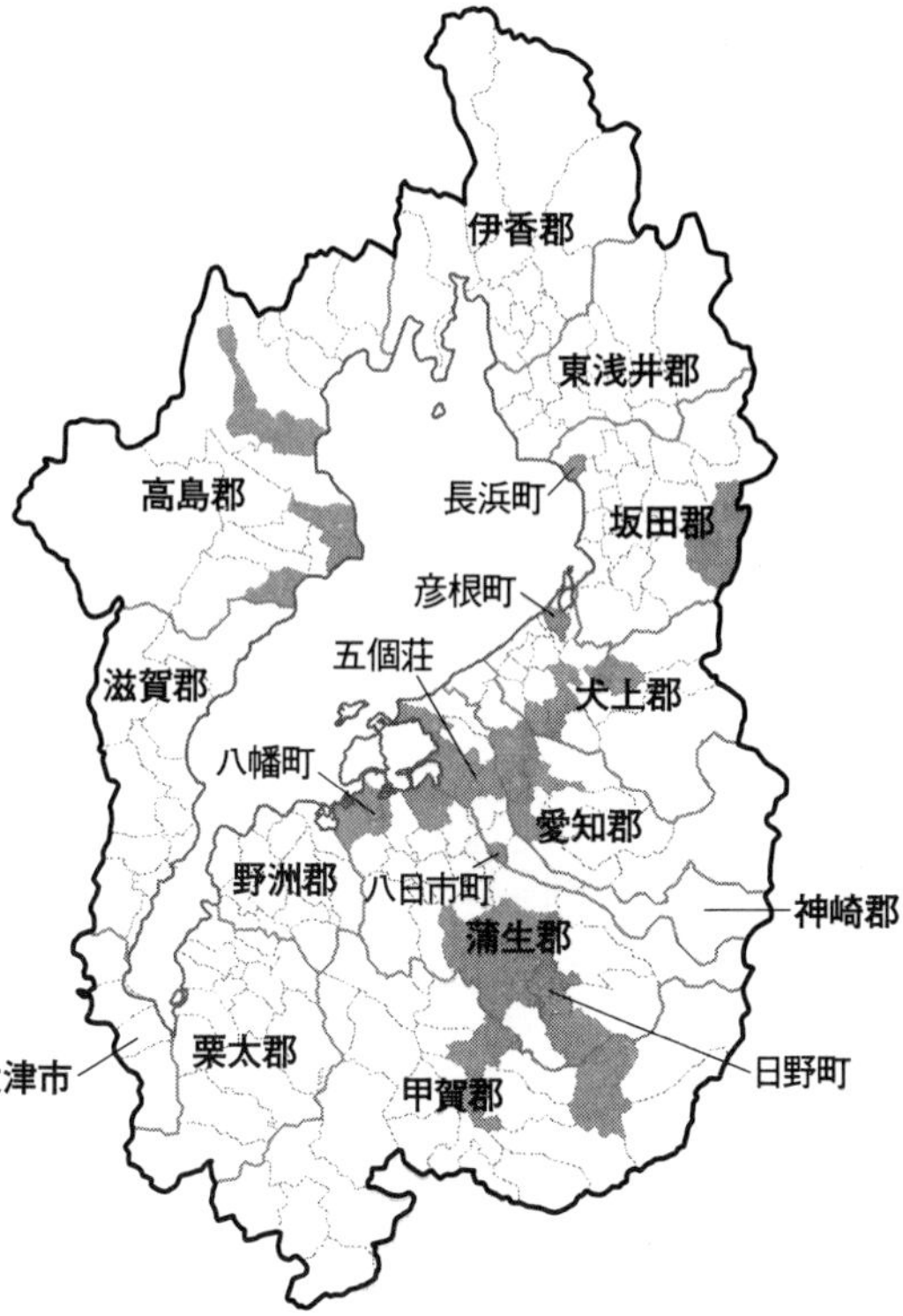

近江商人の出身地域図　アミ部分が出身地の市町村（明治後期の市郡町村区分による。参考文献：江頭恒治著『江州商人』／駒井正一著『高島商人』）

なかでも情報の収集力で独自の展開を見せた日野商人たちの先見の明がうかがえるエピソードです。

湖東《ことう》商人は、彦根藩《ひこねはん》の幕藩《ばくはん》体制の緩和《かんわ》政策によって農民の行商が可能となり、五個荘《ごかしょう》、豊郷《とよさと》、愛知川《えちがわ》などから生まれました。中山道《なかせんどう》沿いに本宅を構え、地場産業で生産された麻布《まふ》（麻糸《あさ》で織った布）をはじめ呉服《ごふく》などをかついで、京都《きょうと》・大坂《おおさか》をはじめ、信州《しんしゅう》（長野《ながの》県）・関東諸国・北海道《ほっかいどう》など、全国に向けて商業活動を展開しました。

近江《おうみ》商人の起源説には、湖上移動習性説、交通要衝《ようしょう》説、帝都《ていと》接近説、武士・農民・渡来《とらい》（帰化）人説、楽市《らくいち》説、あるいは廃城奮起《はいじょうふんき》説や雪解《ど》け説など諸説がありそれぞれに根拠《こんきょ》はありますが、さらに特徴《とくちょう》をあげると前述のように近江商人が生まれた地域は特産品を産出する限られた地域であったことです。これらの地域では、特産品は農閑《のうかん》期の副業として生産され、天秤棒《てんびんぼう》にかついで行商できる地の利がありました。

歴史

Q4

近江商人と
かかわりの深い
武将はいますか？

近江《おうみ》商人とかかわりの深い武将は、近江商人の育ての親といえる織田《おだ》信長《のぶなが》や、支援者《しえんしゃ》としての蒲生《がもう》氏郷《うじさと》をあげることができます。

織田信長が商業や貨幣《かへい》の流通をどれほど重視していたのかは、信長が当時の流通貨幣である永楽通宝《えいらくつうほう》をその旗印や愛刀の鍔《つば》の装飾《そうしょく》に用いていたことからもうかがえます。信長は安土《あづち》城を築城後、天正《てんしょう》五年（一五七七）に①『安土山下町中掟書《あづちさんげちょうちゅうおきてがき》』を発布し、城下に楽市楽座《らくいちらくざ》を設け、旅人が東山道《とうさんどう》（中山道《なかせんどう》）を素通りせず、安土で宿泊《しゅくはく》することを命じました。これによって安土城下はもちろん近江国内各地で楽市楽座が発展することになり、近江商人たちが商業活動を自由に展開していく上で大きな役割を果たしたのです。また、信長は当時、商業発展の障害となっていた社

①13か条の定書で「安土山下町中宛信長朱印状」ともいわれる。

織田信長が商業振興のためにやったこと

寺や武家などによる関税（通行税）の取り立てや貨幣問題にも取り組みました。当時は、社寺や武家などが通行税の取り立てを目的として、交通上の重要な拠点《きょてん》に関所を設けており、全国各地を自由に行き来することを望んでいた商人たちを悩《なや》ませていたのです。このため、信長は関所を次々と廃止《はいし》していき、信長の後を継《つ》いだ豊臣秀吉《とよとみひでよし》もその政策を進めたので、関所廃止の動きは全国に広がり、遠く他国に出かけていく商人たちに大きな恩恵《おんけい》をもたらしました。

また当時は、さまざまな銅銭が流通していたので、商人たちは商品の価格とそれぞれの通貨の交換率《こうかんりつ》まで覚えなくてはならず、商取引の障害となっていました。そのため商業活動の多くは物々交換で行われ、手間と大きな危険を抱《かか》えていました。そこで信長《のぶなが》は、それを解消するため、各貨幣《かへい》に一定の換算率《かんざんりつ》を定めて貨幣の統一を図り、京の都を中心に強制的に通用させる貨幣政策を実施《じっし》したのです。

楽市楽座をはじめ商業発展のための諸制度がとられたのは近江国《おうみのくに》だけではなく、近江商人だけがその恩恵を受けたわけではありません。しかし、これら一連の商業振興施策《しんこうしさく》は、中世から他国へ出かけ商業活動を行っていた近江商人にとっては、その活動を大きく発展させていく重要な役割を果たしたといえます。

戦国武将として名高い近江日野《ひの》城主の蒲生氏郷《がもううじさと》は、信長のもとで人質《ひとじち》

蒲生氏郷が商業振興のためにやったこと

時代を過ごしました。そのため、信長の商業振興施策を忠実に見習って、日野城下でも完全な楽市楽座とするためのさまざまな施策を打ち出しています。座制度による商品流通と、蒲生氏領内の街道を商人が素通りすることを禁じ、商人は必ず日野で宿泊《しゅくはく》し、その持ち荷を日野の市場で売買することを命じました。しかも、商人たちに課せられていた一種の税金は日野の市場で売買するときには求めないことにするなど、商人を優遇《ゆうぐう》しました。この結果、中世から市が開かれ栄えていた日野《ひの》は、信長《のぶなが》の安土《あづち》城下町と並んで近江《おうみ》における商工業を中心とした二大拠点《きょてん》として賑《にぎ》わい、日野商人たちが活躍《かつやく》するきっかけとなったのです。

蒲生氏郷《がもううじさと》は、近江の日野から伊勢松坂《いせまつさか》（三重《みえ》県）、さらに会津若松《あいづわかまつ》（福島《ふくしま》県）へ国替《が》えとなりましたが、その後、跡継《あとつ》ぎが亡くなり、寛永《かんえい》元年（一六二四）に蒲生家は断絶します。奉公《ほうこう》先がなくなった家臣の一部は、縁故《えんこ》を求めて日野の町にもどりますが、再び奮起《ふんき》し、京の都で古着を買い集めて会津に向かったところ、この古着は飛ぶように売れたのです。こうして、上方《かみがた》（京都《きょうと》や大坂《おおさか》地方）の文化を関東に伝えることが商売になることを知った彼《かれ》らのなかから、日野の地場産業である日野椀《わん》や売薬、小間物《こまもの》（婦人用の化粧《けしょう》品や装身具など）をかついで日野と関東を行き交い、商業活動を行う日野商人が生まれたのです。

歴史

Q5

琵琶湖《びわこ》と近江商人の活躍にはかかわりがありますか？

近江《おうみ》商人は天秤棒《てんびんぼう》をかつぐ行商人の姿が定着していますが、北海道《ほっかいどう》や北陸との交易では北前船という大型商船を活用し、近江国内では古代から栄えた琵琶湖《びわこ》の湖上水運を利用しました。

近江商人といえば、天秤棒をかついだ行商人像から小売商のイメージがあると思います。それは行商をはじめたころの旅姿であり、実際は商人を相手とする卸商《おろししょう》でした。天秤棒でかつげる程度の商品を持って商業活動を続けていたのでは、のちに豪商《ごうしょう》とよばれる近江商人は誕生していません。彼《かれ》らは、商品の輸送にあたっては、日本海では北前船とよばれた大型商船を利用し、また近江国内では、古来より日本海の産物を京の都まで運ぶために栄えた琵琶湖の湖上水運を利用していました。

琵琶湖には、『万葉集』で「①八十《やそ》の湊《みなと》に」や「泊《とまり》八十《やそ》あり」などとう

①高市連黒人「磯の崎漕ぎ廻みゆけば近江の海八十の湊に鶴さはに鳴く」。

たわれているとおり、古代から多くの港が存在していたことが知られています。平安《へいあん》時代につくられた政府の行政施行《しこう》の細則『延喜式《えんぎしき》』②によれば、北陸六か国からの物資は福井《ふくい》県の敦賀《つるが》に集められ、そこから塩津《しおつ》街道によって近江の塩津や大浦《おおうら》の港に運んだのち湖上水運を利用して大津《おおつ》に運びこみ、平安京に運び入れることになっていました。小浜《おばま》(福井県)から運ばれてきた物資は、湖西の木津《こおつ》や勝野《かつの》の港から湖上水運によって堅田《かたた》・坂本《さかもと》・大津へと運ばれ、さらに陸路で京の都へと運ばれていました。このように湖上水運が盛んであったため、敦賀と塩津を結ぶ運河計画が、平清盛《たいらのきよもり》や豊臣秀吉《とよとみひでよし》、また江戸《えど》時代の京都《きょうと》の商人たちによって計画されたこともあります。

近江商人は、北海道《ほっかいどう》(松前《まつまえ》)や東北・北陸各地の交易品を、北前船という北国海運により敦賀・小浜まで運び、そこから陸路を使って琵琶湖湖岸の塩津・海津《かいづ》・今津《いまづ》などの港へ輸送し、これらの諸港から湖上水運

②平安時代初期に編修された。弘仁式、貞観式と合わせて三大式という。

を利用して、大津《おおつ》・京の都・大坂《おおさか》へと運びました。

近江《おうみ》商人発祥《はっしょう》地のひとつ近江八幡《おうみはちまん》は、天正《てんしょう》一三年（一五八五）、近江国の領主となった豊臣秀次《とよとみひでつぐ》が、八幡山に八幡城を築き、安土《あづち》城主の織田《おだ》信長《のぶなが》が亡くなると、安土城下の住民を移住させて楽市楽座を継承《けいしょう》し、商業中心の城下町として形成されました。現在、観光名所となっている八幡堀《ぼり》は、秀次が城の防備のためと、物資を積んで琵琶湖《びわこ》を往来する船を城下に寄航させるために掘削《くっさく》したもので、琵琶湖に通じる全長六キロにもおよぶ運河です。

八幡城は、秀次の死後廃城《はいじょう》となりましたが、八幡堀はその後も水上航路としてのこり、町の発展の原動力となり、やがて近江商人の繁栄《はんえい》を支えるきっかけとなりました。

豊郷《とよさと》町の旧中山道《なかせんどう》沿いを歩いていると「又十屋敷《またじゅうやしき》」と書かれた大きな看板が目につきます。現在、近江商人関係資料館「豊会館《ゆたか》」となってい

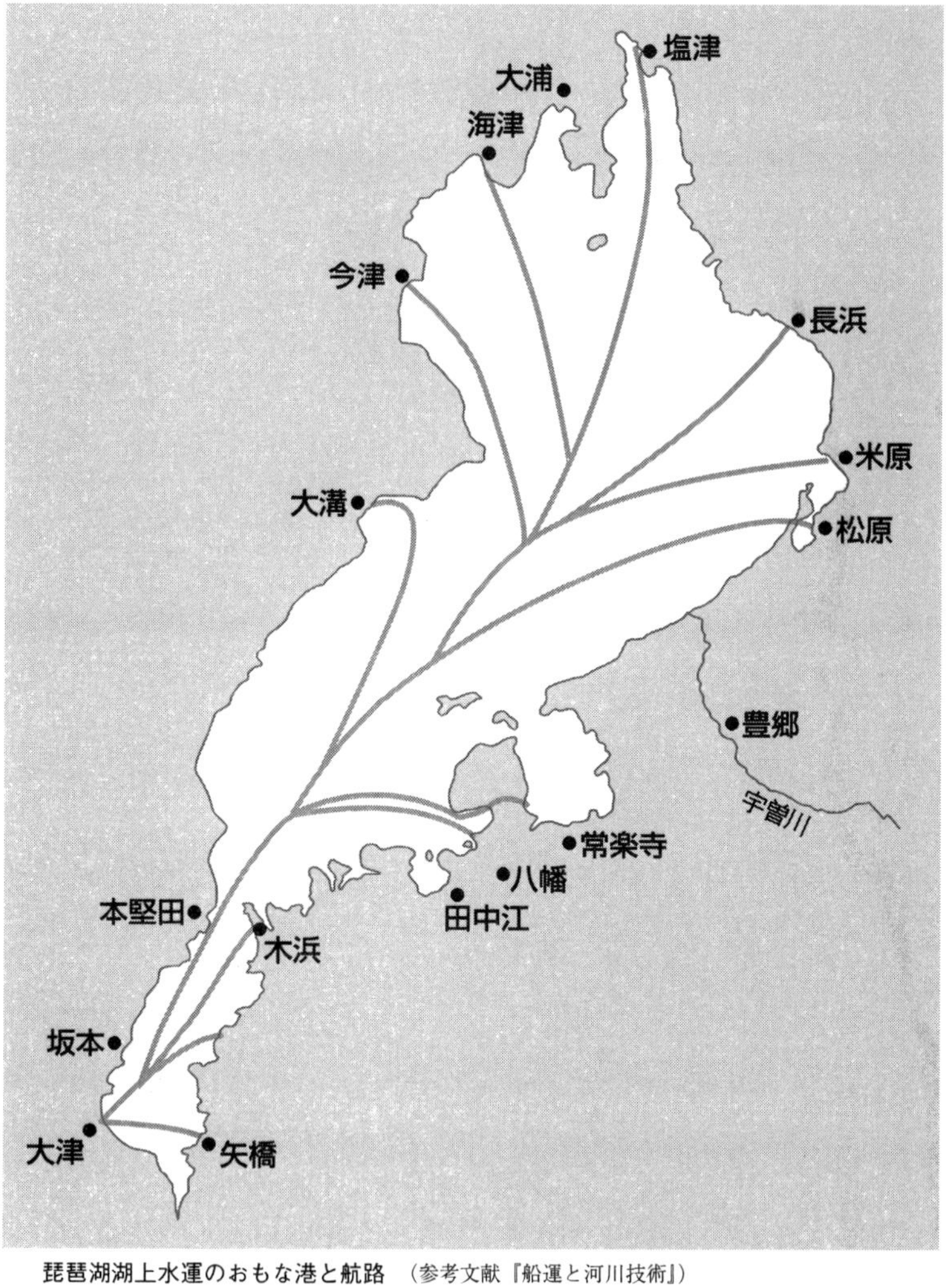

琵琶湖湖上水運のおもな港と航路　（参考文献『船運と河川技術』）

る建物は、もとは北海道《ほっかいどう》の開拓《かいたく》で富を築き、あけぼの印の「サケ缶《かん》」誕生のきっかけをつくった豪商藤野《ごうしょうふじの》家（又十《またじゅう》）がお助け普請《ぶしん》①で建築した屋《や》敷《しき》として知られています。この屋敷には多くの米蔵がありましたが、かつてはその屋敷には宇曽《うそ》川に通じる水路が設けられ、米蔵から直接小舟《こぶね》に米を載《の》せて湖岸の港まで運んでいたといわれています。

近江《おうみ》商人が活躍《かつやく》していた当時、湖上水運をになっていたのが、「丸子《まるこ》船《ぶね》」とよばれる木造船です。その大きさは、海津《かいづ》、塩津《しおつ》、大津《おおつ》などの所属港ごとにまちまちで、百石《こく》から五百石積ほどの船は、湖水船とはいえ、当時としては相当の大型船でした。最盛期の江戸《えど》時代中期には千四百艘《そう》もの丸子船が琵琶湖《びわこ》を行き交っていたそうです。河村瑞賢《かわむらずいけん》によって日本海から関門海峡《かんもんかいきょう》、瀬戸内海《せとないかい》をへて大坂《おおさか》や京都《きょうと》へ荷を運ぶ西廻《まわ》りルートが開かれると、琵琶湖の湖上水運にもかげりがみえはじめますが、その後も丸子船による湖上水運は大きな輸送力をになっていました。

① 141 ～ 146 ページ参照。

歴史

Q6

北前船と近江商人にはどんなかかわりがありますか？

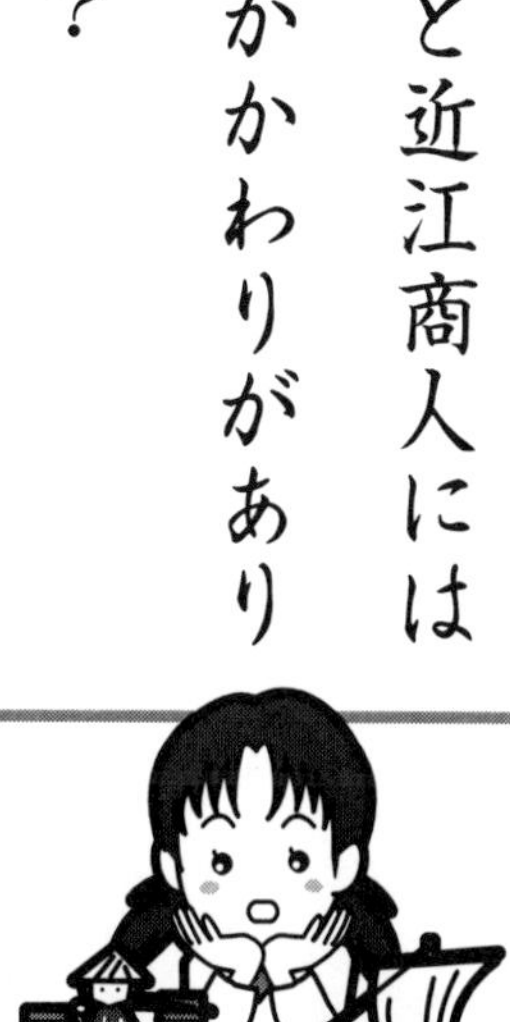

近江《おうみ》商人は、北前船《きたまえぶね》という当時の大型商船を利用し、現在の北海道《ほっかいどう》から海産物を、また北海道には日常生活品を運送し販売《はんばい》する「諸国産物廻《まわ》し」という商業活動を展開していました。

北前船とは、近世初頭から明治《めいじ》にかけて日本海海運で活躍《かつやく》した北国廻《ほっこくかい》船《せん》、または、それに使われた北国船の上方《かみがた》（京都《きょうと》や大坂《おおさか》地方）でのよび名です。また、近世のなかごろから用いられるようになった改良型の弁《べ》財船《ざいせん》のこともいいます。つまり北前船とは船の形ではなく、北海道から日本海を通って下関《しものせき》をまわり、瀬戸内海を航行して大坂に向かう西廻り航路の大型商船の総称《そうしょう》です。

近江商人のなかには、この北前船を大いに活用し、北海道の海産物を上方に運び、また上方で仕入れた日常生活品などを北海道に住む人々に

近江商人の商法「諸国産物廻し」のしくみ　近江商人は、それぞれの地域で必要とされている商品で差益のでる商品を供給して上手に商いをしていた。

運送し販売する商業活動を展開していました。このような商い方法は、諸国産物廻しとよばれています。

近江《おうみ》八幡《はちまん》出身の西川《にしかわ》伝《でん》右衛《え》門《もん》家（住吉屋《すみよし》）は、幕末《ばくまつ》から明治維新《めいじいしん》の激動期を乗りきって明治以後も北海道で活躍した近江商人です。享保《きょうほう》一八年（一七三三）に、ほかの近江商人と共同で石狩《いしかり》のサケ取引を①運上金《うんじょうきん》百三十九両、一年契《けい》約《やく》で請《う》け負い、慶栄丸《きょうえい》という

①近世の租税のこと。

船で、酒田《さかた》（山形県《やまがたけん》）に塩漬《づ》けのサケを運送し販売《はんばい》したのが、その海商の始まりとされています。西川伝右衛門《にしかわでんえもん》は、寛保《かんぽう》元年（一七四一）には大福丸《だいふくまる》（三百六十石船＝およそ五十五トン）を新造し、その後自営船を、豊久丸《ほうきゅうまる》、大宝丸《たいほうまる》、住吉丸《すみよしまる》の四隻《せき》に増やし、その交易範囲を広げていきました。大福丸は、延享《えんきょう》二年（一七四五）には、マス、ニシン、数の子、棒鱈《ぼうだら》などを積んで酒田から敦賀《つるが》（福井県《ふくいけん》）、そして翌春に敦賀から酒田、さらに下関《しものせき》（山口県《やまぐちけん》）へ航海して、大豆を売りさばき、塩を買い求めて、七月に松前《まつまえ》にもどった記録がのこされています。しかも、一か月後には増毛《ましけ》（北海道《ほっかいどう》）でサケを大量に積みこんで、再び中国地方へ出航するという活躍《かつやく》ぶりをみせています。このため『松前町史』には、「北前船の先駆者《せんくしゃ》といっていい」と述べられています。

西川家が保有する北前船は、慶応《けいおう》二年（一八六六）には八隻、また、豊郷《とよさと》出身の近江《おうみ》商人藤野喜兵衛《ふじのきへえ》の保有船も、安政《あんせい》年間（一八五四〜一八

北前船の形を伝える『松前渡海船絵馬』（大宮神社蔵）

六〇）には二十四隻にのぼり、その船頭の宮本幸次郎《みやもとこうじろう》も自ら八隻の自営船を保有していました。西川家とともに両《りょう》①浜組《はまぐみ》で活躍した岡田弥三右衛門《おかだやそうえもん》家（恵《え》美須《びす》屋）は、千石船《せんごくぶね》六隻を保有していました。『小樽《おたる》市史』などによれば、松前藩の所有船「禎祥《ていしょう》丸」や「叶《かのう》丸」を預かり、運用していたことが紹介されています。

大坂《おおさか》と江戸《えど》間を東廻《まわ》りに就航した檜《ひ》垣廻船《がきかいせん》の船頭の航海手当が五十両であったのに対し、北前船の一航海の手当は、その十分の一のわずか五両程度

①八幡商人と薩摩・柳川（彦根）商人の商業同盟。

でした。しかし、北前船には積み荷の一割を船頭が自由に売買してもよいという「帆待《ほま》ち」という制度があったため、船頭たちは少しでも相場が有利な寄港地を目指しました。北前船一隻《せき》を新しくつくるには、一千両程度かかりましたが、一航海の帆待ちの収益は二百両ほどあったので、船頭は五航海で一隻分を稼《かせ》いでいたことになります。帆待ち制度には近江《おうみ》商人のしたたかな計算があったわけですが、松前藩《まつまえはん》もこれを奨励《しょうれい》していたようです。

しかし、北前船の遭難《そうなん》はひんぱんにありました。『松前町史』には、西川《にしかわ》家においても慶応《けいおう》二年（一八六六）には五隻が破船し、そのうち至《し》善《ぜん》丸は「船中一同海死（乗組員全員が海の中に消えた）」と記録されています。まさに近江商人による北前船の商業活動は、だれにもまねのできない開拓《かいたく》精神をもって行われていた、命がけの航海だったのです。

①江戸時代の1両を現代の通貨に換算すると、米価を基準にした場合は約4万円、賃金を基準にすると30〜40万円、そば代金では12〜13万円になるという。（日本銀行金融研究所博物館調べ）

歴史

Q7

「おせち料理」の起源は近江商人による、というのは本当ですか？

冷凍《れいとう》技術のなかった江戸《えど》時代、数《かず》の子《こ》や棒鱈《ぼうだら》などの北の幸がおせち料理に登場するのは、北海道《ほっかいどう》の開拓《かいたく》を行った近江《おうみ》商人の活《かつ》躍《やく》によるところが大きいのです。

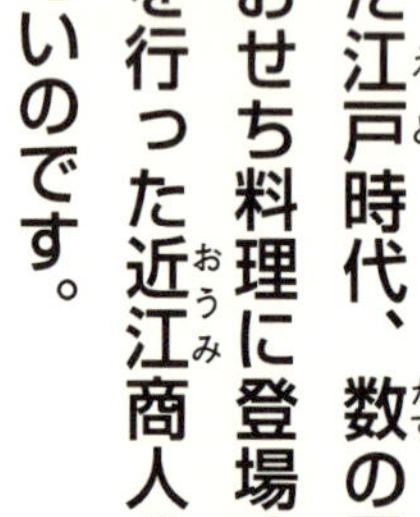

最近ではお正月料理もずいぶんと洋風化されました。しかし、おせち料理は欠かせないものです。もともとおせち料理は、正月料理ではなく、宮廷《きゅうてい》の「節句《せっく》」の祝儀《しゅうぎ》料理でしたが、その後、延命長寿《ちょうじゅ》を願う行事的色彩《しきさい》が加わって、江戸のころから正月料理だけをおせち料理とよぶようになったのです。

このおせち料理が庶民《しょみん》生活に定着するうえで、近江商人は大きな役割を果たしています。すなわち、おせち料理の素材といえば、数の子、棒鱈、①新巻《あらまき》、昆布《こんぶ》、身欠鰊《みがきにしん》があげられます。しかし、冷凍技術がなかった

① 50ページ参照。

江戸時代、これらの北の幸がおせち料理に登場するには、北海道の開拓を行った近江商人の活躍と荒れる日本海を果敢《かかん》に航海した北前船の存在に負うところが大きいのです。

近江商人の本格的な松《まつ》前《まえ》（北海道）進出は、寛《かん》永《えい》期（一六二四〜一六四四）といわれています。北海道で商業活動を始めた近江商人たちは、両浜《りょうはま》組という組合を結成し、北海道の交易を展開しました。近江商人たちの多

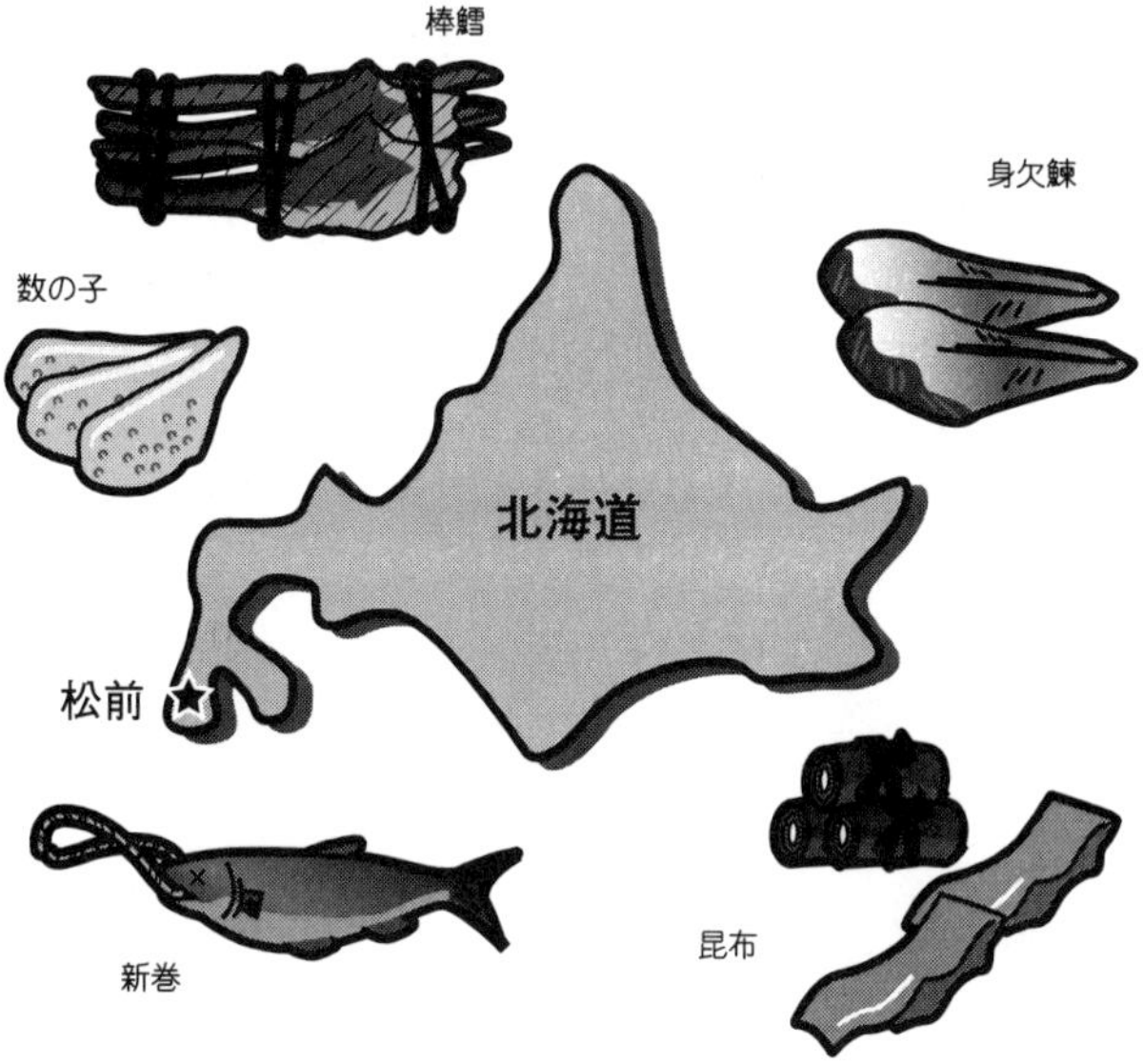

昭和初期のおせち料理に使われた北海道産の食材

くは北陸の船をチャーター船として利用しましたが、西川伝右衛門家《にしかわでんえもん》や岡田弥三右衛門家《おかだやそうえもん》（恵美須屋《えびす》）は、自前で北前船をつくり、「下り荷《くだに》」や「持下り《もちくだ》」とよばれた上方《かみがた》の産物（食料、衣類、小間物《こまもの》などの生活必需品《ひつじゅ》）と「上り荷《のぼ》」や「登せ荷《のぼ》」とよばれた商人自身が北海道《ほっかいどう》で開発した現地水産物であるニシン、タラ、サケ、炒子《いりこ》、アワビ、昆布《こんぶ》などを取り扱《あつか》っていました。とくに北海道松前《まつまえ》の城下に店を構えた近江《おうみ》商人たちは、現地の漁民たちに漁に必要な漁網《ぎょもう》や舟《ふね》などの費用を貸しあたえるなど多額の出資を行い、その返済《へんさい》を漁獲《ぎょかく》したニシンで支払《しはら》わせるなどして、積極的に漁場を開発したことから、北海道のニシン漁は盛んになったのです。

このような漁場の開発と漁具の改良によって漁獲量が増えたニシンは、腹部を干した端鰊《はにしん》、背部を干した身欠鰊《みがきにしん》、数の子に分けられ、端鰊と脂《あぶら》を絞《しぼ》った後の「〆《しめ》かす」は、貴重な肥料として余すところなく利用され

近江商人の商い　松前藩には江戸幕府から北海道でのアイヌとの交易権が与えられていました。藩士は自らの生活のために、近江商人に積極的に漁場開発にあたらせた結果、北海道の水産業が発展しました。近江商人は北海道では手に入らない生活必需品を江戸や上方から運びこむ一方で、加工した水産物を上方に運び利益をあげました。

たのです。

享保《きょうほう》一八年（一七三三）には、西川伝右衛門《にしかわでんえもん》家は松前藩《まつまえはん》が占有《せんゆう》していた北海道《ほっかいどう》の重要な水産資源であったサケ、マスを一手に引き受けています。サケは、出荷の際には塩引きにされましたが、この塩引きされたサケは「荒《あら》むしろで巻いた」「塩を荒くまいた」ということから「荒巻《あらまき》」とよばれていました。二百年以上も前に、近江《おうみ》商人たちによって薄塩《うすじお》にして味をよくした「新巻（荒巻）」が登場しているのです。

北海道松前町の専念寺《せんねんじ》には近江商人の墓地があります。墓標は文化《ぶんか》年間（一八〇四〜一八一八）のものが多く、前述の岡田《おかだ》家や田付新兵衛《たつけしんべえ》家（福島屋《ふくしま》）など名をなした豪商《ごうしょう》の名前も見られます。しかし、墓標の多くは記録にのこらなかった無名の近江商人や、その使用人の墓とされています。新年にかかせないおせち料理を食べるときは、これら無名の商人や使用人にも感謝しつつ、味わいたいものです。

起業家

Q1

ベンチャーを志す、若い起業家を支えるしくみがありましたか？

若い起業家がベンチャー企業《きぎょう》を立ち上げるとき、最も苦労するのが資金の調達です。近《おう》江《み》商人のあいだでは、「出世《しゅっせ》証文《しょうもん》」など若い起業家を支える工夫がありました。

若い起業家が立ち上げるベンチャー企業を、単に研究開発型の企業に限定せず、創業から異業種への進出、あるいは新商品の開発や販路《はんろ》拡大などの新分野の展開を目指す活力ある企業とすれば、近江商人たちの商業活動はまさしくベンチャー企業といえます。今も若い起業家がベンチャー企業を立ち上げるとき、最も苦労するのは、開店するための資金が調達できるかどうかです。のちに豪商《ごうしょう》とよばれた近江商人の多くは、天秤棒《てんびんぼう》をかついではじめて行商にでかけるときは、信用も薄《うす》く、現在の若い起業家と同じような状況《じょうきょう》にあったと思われます。しかし、近江商人

村人からの預かり金で
若い起業家を育てよう
両親
がんばって
配当金
親戚
たのむぞ
若いの
配当金
村人
配当金
頼母子講
みんなのおかげで
成功できました
資金返済
その後
この資金で
上方に店を出して
商売してくるよ!

頼母子講のしくみ

たちは、村人たちが少しずつ持ち寄ったお金を、必要とする人たちに低利で貸しつけ相互に助けあう精神をよりどころとした頼《たの》母《も》子《し》講《こう》という庶民金融《しょみんきんゆう》のシステムや、村からの預かり金、あるいは親族からの提供資金から、低利ないしは無利子といった有利な資金供給を受けています。

そうしたなかで注目さ

れるのは、資金提供から生まれた「出世証文《しゅっせしょうもん》」とよばれるものです。

多くの近江《おうみ》商人が生まれた五個荘《ごかしょう》（現東近江市《ひがしおうみし》）地域には、近世後期以降の借金証文や商品売買出入証文などの多くの資料が現存しています。これらの資料のなかに「出世証文之事」等と記録された文書《もんじょ》があります。また、彦根《ひこね》の豪商《ごうしょう》である馬場《ばば》家に伝わる古文書のなかにも十二の出世証文がのこっています。

出世証文とは、借入《かりいれ》金や支払《しはらい》代金を一度に返済できないため、将来、商業活動で成功したときには必ず返済することを貸し方に申し出て、この申し出が認められた場合などに作成されたものです。出世証文は、商品代金の返済延期や同郷の商人たちが協力して、若い起業家など後続の商人たちに資金を提供する場合などに作成されているのです。

現代社会では、ベンチャー企業《きぎょう》を立ち上げる若い起業家へ資金提供する個人投資家をエンジェルといいます。出世証文は、こうした現代のエ

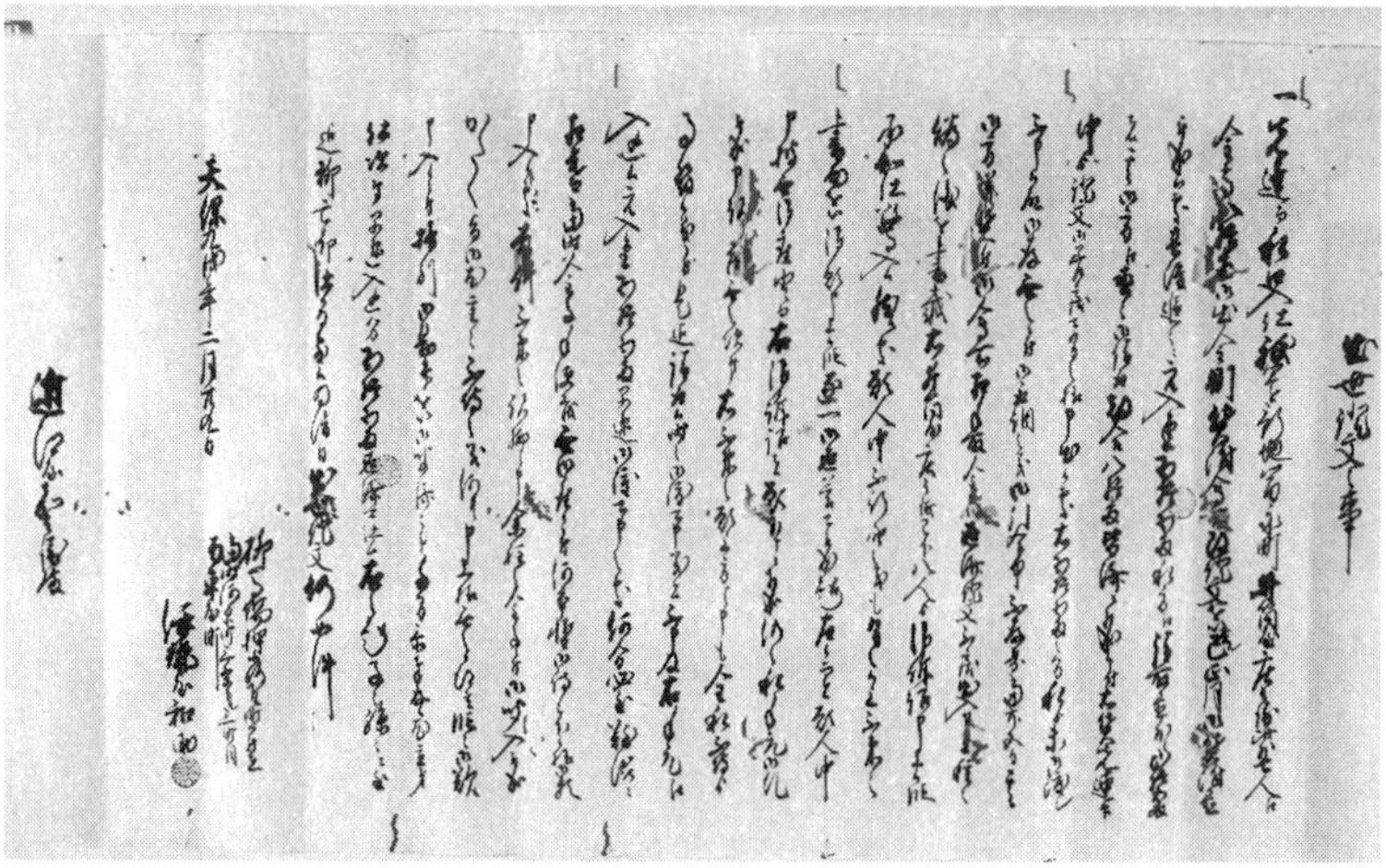

天保９年（1838）の出世証文　（五個荘町近江商人博物館所蔵）

ンジェルやベンチャーキャピタル的な役割を果たしていました。出世証文によって資金の提供を受けた若い起業家たちは、資金を提供してくれた同郷の商人たちへの感謝の気持ちを忘れずに、もし自分の時代で返済できなければ、その子供や孫たちが返済することを約束し、商業活動に一所懸命《けんめい》に励《はげ》み、豪商とよばれるような成功を収めていったのです。

明治《めいじ》中期に綿業王と称《しょう》された豊《とよ》郷《さと》出身の豪商薩摩治兵衛《さつまじへえ》は、前述の小林吟右衛門《こばやしぎんえもん》家の江戸《えど》店での奉公《ほうこう》後、日本橋富沢町《にほんばしとみさわ》に和洋木綿販売業《もめんはんばい》店を開くことになり、開店資金として小林家から百三十両の資金提供を受けました。治兵衛《じへえ》は、その借金証文を掛軸《かけじく》にして商売に打ちこんだといわれています。

出世証文は、現在までに全国で百通余が発見されていますが、その半数は滋賀《しが》県内で発見されたものです。近江国《おうみのくに》で、こうした若い起業家などの支援《しえん》システムが社会的な慣習として定着していたのは、近江商人たちのあいだの仏教への信仰心《しんこうしん》による信頼関係と、同郷の強い絆《きずな》で結ばれていたからだと思われます。

起業家

Q2

日野《ひの》町出身の代表的な起業家はだれですか？

日野《ひの》町出身の代表的な起業家（近江《おうみ》商人）といえば、家訓「金持商人一枚起請文《きしょうもん》」で有名な中井源左衛門《なかいげんざえもん》や日野売薬の基礎《きそ》をつくった正野玄三《しょうのげんぞう》があげられます。

「日野の千両店《せんりょうだな》」、あるいは「日野大当番仲間《おおとうばんなかま》」と伝えられるなど、近江商人のなかでも、独自の商業活動を展開した日野商人ですが、日野商人の筆頭格は、やはり中井源左衛門（十一《じゅういち》屋）です。源左衛門は、蒲生《がもう》郡岡本《おかもと》村の生まれですが、家業は日野椀《わん》製造業でした。十九歳から関東各地を行商し、二十九歳で下野国《しもつけのくに》（栃木《とちぎ》県）に質店を開業、それ以降、全国各地に支店を置き、関東・東北の産物である生糸《きいと》・青苧《あおそ》（麻縄《あさなわ》などをつくる材料）・紅花《べにばな》（紅の材料）や、関西地方の古着・繰綿《くりわた》（精製前の綿）・木綿《もめん》を全国的に交易する、いわゆる「産物廻《まわ》し」の商法を駆使《くし》したほか、

醸造《じょうぞう》業や金融《きんゆう》業も営み、仙台伊達藩《せんだいだてはん》の御用商人にまで上りつめました。①司馬江漢《しばこうかん》はその日記に、「この爺《じい》さん一代に三十万両を儲《もう》け」と記録しています。また、世界に誇《ほこ》れる複式簿記《ぼき》を考案したほか、金持ちになるための戒《いまし》めを示した家訓『金持商人一枚起請

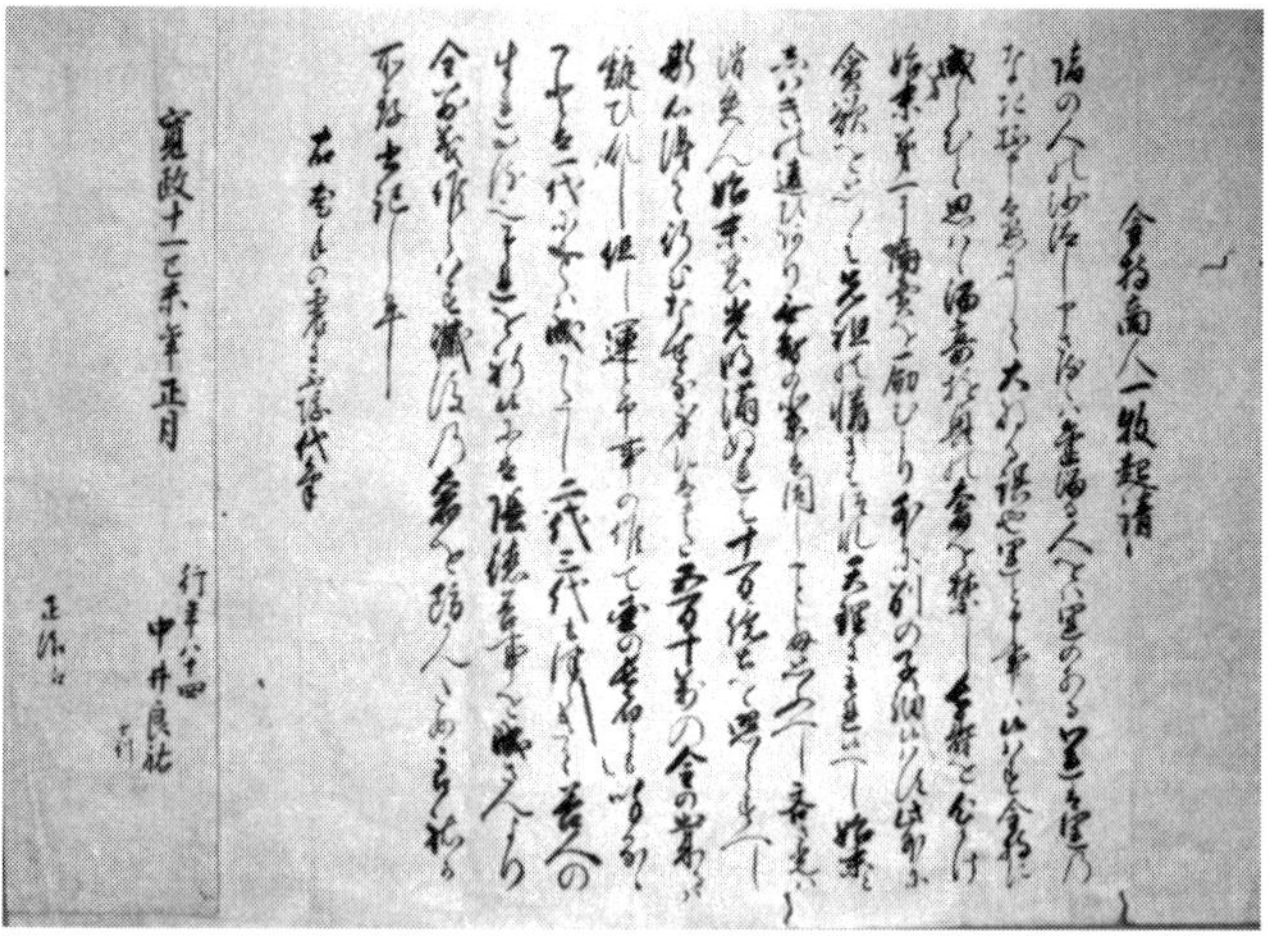

中井源左衛門の肖像画（上・司馬江漢作）と『金持商人一枚起請文』（近江日野商人館蔵）

①江戸時代の画家。天明８年（1788）に日野の中井家に滞在した。

文』でも有名です。

正野玄三《しょうのげんぞう》（初代）は、蒲生《がもう》郡村井《むらい》村生まれで、十八歳のときに初めて北陸の越後《えちご》（新潟県《にいがた》）の行商に従いました。二十六歳で独立し行商を始めるにあたっては、「自戒《じかい》七か条」という、自分自身にきびしい戒律を課しています。これは、独立したときはほとんど自己資金がなく、親類縁者《えんじゃ》から四百両あまりの資金を調達したのですが、その恵《めぐ》まれた境遇《きょうぐう》に甘《あま》えず必ず返済することを自分自身に誓《ちか》うためのものであったといわれています。これは、近江《おうみ》商人を目指す人の強い自立心があってはじめて、親類縁者《えんじゃ》が一族をあげて資金援助《えんじょ》したことをうかがわせるものです。その後、玄三は母の難病を治した名医に感激して医業に転向し、宝永《ほうえい》年間（一七〇四～一七一一）に故郷で「萬病感応丸《まんびょうかんのうがん》」などの合薬《ごうやく》を生み出し、日野《ひの》売薬の基礎《きそ》をつくりました。

そのほかの代表的な日野商人としては、山中兵右衛門《やまなかひょうえもん》（初代）や矢尾《やお》

初代正野玄三の肖像画　（正野玄三家蔵）

喜兵衛《きへえ》（初代）が知られています。山中兵右衛門は、中井源左衛門《なかいげんざえもん》家と同様に日野椀《わん》製造業の末子《ばっし》として生まれました。彼《かれ》の心を行商に駆《か》りたてたのは、先祖伝来の屋敷が人手に渡《わた》り本家が倒産《とうさん》したことでした。兵右衛門は、二十歳のときから日野と御殿場《ごてんば》（静岡《しずおか》県）の行商に励《はげ》みます。御殿場は宿場町ですが、商品運搬《うんぱん》の道や富士参詣《ふじさんけい》の行者道で、また、将軍献上《けんじょう》のお茶壺《ちゃつぼ》の通る道でもあったので、地方経済の中心という立地条件の良さに着目し、この地に「日野屋」を開店して成功しました。

また、矢尾喜兵衛《やおきへえ》

（初代）は、同郷の矢野新右衛門《やのしんえもん》の武蔵《むさし》（埼玉《さいたま》県）秩父《ちちぶ》の出店に奉公《ほうこう》に入りました。三十九歳のときに別家し、その地で酒造業を始めたほか、多くの日用品を取り扱《あつか》い、質屋も兼業《けんぎょう》しました。このようにして矢尾《やお》家は、明治《めいじ》初期までに十六の支店を設けるまでに発展しますが、小額の資金でこれを可能にしたのは、地元の商人から酒造道具類を借り受け奉公人を送りこむ方法（「居抜《いぬ》き」という）でした。少ない資金を最大限に有効活用する近江商人の知恵《ちえ》であったといえます。

これら日野《ひの》商人である山中兵右衛門《やまなかひょうえもん》や矢尾喜兵衛《きへえ》、また、高井作右衛門《たかいさくえもん》（群馬《ぐんま》県藤岡《ふじおか》市に進出し成功した先達《せんだつ》的豪商《ごうしょう》）などの流れをくむ企業《きぎょう》は、いまも存続し繁栄《はんえい》を続けています。

起業家

Q3

近江《おうみ》八幡《はちまん》からは、どのような人が商人として成功しましたか？

「ふとんの西川《にしかわ》」で有名な西川甚五郎《じんごろう》をはじめ、北海道《ほっかいどう》交易で活躍《かつやく》した西川伝右衛門《でんえもん》、あるいは朱印船《しゅいんせん》貿易商として安南《あんなん》（ベトナム）へ渡航《とこう》した西村太郎右衛門《にしむらたろううえもん》などがいます。

初代西川甚五郎（山形屋《やまがた》）は、蒲生《がもう》郡岡山《おかやま》村（現近江八幡《おうみはちまん》市）の生まれです。天正《てんしょう》一四年（一五八六）に八幡城下に楽市楽座が設けられると出店し、主に能登《のと》（石川《いしかわ》県）方面に蚊帳《かや》や畳表《たたみおもて》の行商を行いました。その後、次第に商売の販路《はんろ》を広げ、ついに江戸《えど》の中心街である日本橋《にほんばし》に出店します。当時の日本橋には、伴庄右衛門《ばんしょうえもん》や伴伝兵衛《でんべえ》などの八幡商人の大店《おおだな》が軒《のき》を連ねていました。二代目甚五郎は、寛永《かんえい》年間（一六二四〜一六四四）に萌黄《もえぎ》色に染め、縁《ふち》に紅布をつけた萌黄の蚊帳を考案します。この萌黄の蚊帳は後に近江《おうみ》蚊帳の代名詞として定着しますが、縁取りの

赤とのコントラストが人気をよび、派手な売り声で江戸市中を販売したことも大きな反響《はんきょう》をよんで一世を風靡《ふうび》して富を築き、今日の「ふとんの西川」の礎《いしずえ》をつくりました。ふとんの販売《はんばい》が始まったのは明治《めいじ》時代半ばですが、その品質の良さがさらに評判をよび、「ふとんの西川」の名を不動のものとしたのです。

西川伝右衛門（住吉屋《すみよしや》）は、蒲生郡南津田村《みなみつだ》（現近江八幡市）の生まれです。わずかな元手で呉服《ごふく》（絹《きぬ》織物）類を仕入れて北陸・奥羽《おうう》地方（秋田《あきた》県など）に行商にでかけます。そのとき、蝦夷《えぞ》（北海道《ほっかいどう》）が商売に有利との情報をつかみ、寛文《かんぶん》年間（一六六一～一六七三）に松前《まつまえ》に店を出し、やがて藩《はん》の御用商人となります。北海道の漁場開発に貢献《こうけん》したほか、お正月のおせち料理に使う昆布《こんぶ》、棒鱈《ぼうだら》、数の子、新巻などの北海道物産の用途を開発していくのです。そして、北前船を造船し大坂《おおさか》方面に産物廻《まわ》しを行って富を築きました。

朱印船《しゅいんせん》貿易で活躍《かつやく》した西村太郎右衛門《にしむらたろうえもん》については、87ページの「海外で活躍した近江《おうみ》商人」でくわしく紹介《しょうかい》します。

そのほか八幡《はちまん》商人には、伴庄右衛門《ばんしょうえもん》、伴蒿蹊《こうけい》、伴伝兵衛《でんべえ》、市田清兵衛《いちだせいべえ》、西谷善太郎《にしたにぜんたろう》、西川利右衛門《にしかわりえもん》、西川庄六《しょうろく》、野間清六《のませいろく》らが知られています。

伴庄右衛門は、麻布《まふ》、畳表《たたみおもて》、蚊帳《かや》を商い、十八歳で家督《かとく》を継《つ》いだ五代目蒿蹊は、大坂淡路《おおさかあわじ》町に出店します。蒿蹊は、学問にも興味をもち、①本居宣長《もとおりのりなが》や②上田秋成《うえだあきなり》、③与謝蕪村《よさぶそん》らとの親交があった国学者としても知られています。また、伴伝兵衛（初代）は、畳表などを商い、江戸《えど》のほか大坂にも出店するなどして本家をしのぐ商人となりました。市田清兵衛家（麻屋）は、もともと六角《ろっかく》氏に仕えた武士で、神崎《かんざき》郡石川《いしかわ》村（旧五個《ごか》荘《しょう》）の出身ですが、承応《じょうおう》元年（一六五二）ころに八幡町に移っています。三代目清兵衛は、上州《じょうしゅう》（群馬《ぐんま》県）に繰綿《くりわた》（精製前の綿）や太物《ふともの》（綿・麻《あさ》織物《おりもの》）類を持ち下り、当地の産物を登《のぼ》せ荷とする商業活動により富を築

①江戸時代中期に国学を大成し、『古事記伝』をまとめた。
②江戸時代後期の読本作家。『雨月物語』を著した。
③江戸時代中期の俳人・画家。

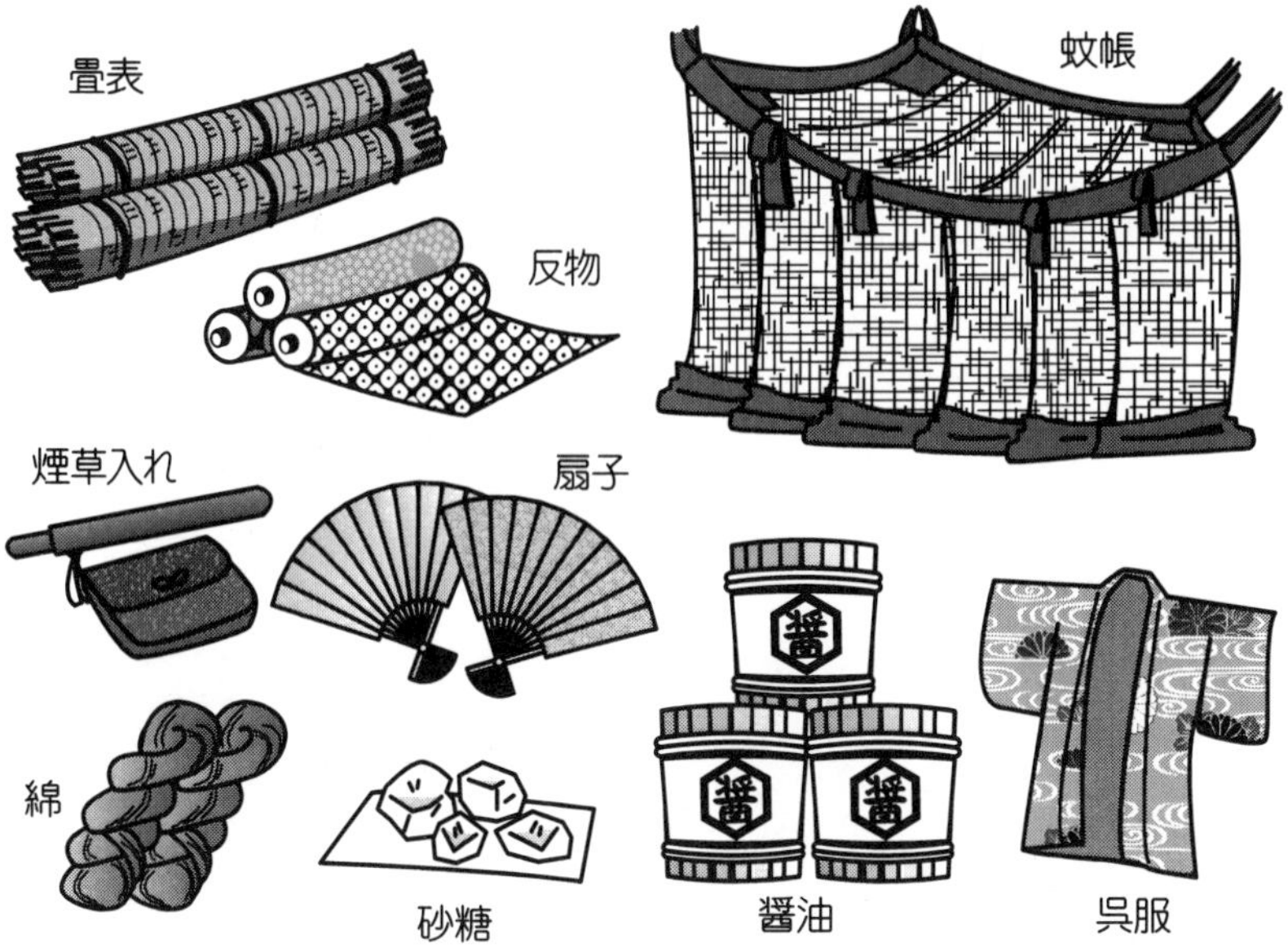

八幡商人が扱った主な商品

きました。晩年に定めた家訓では、新規事業を慎重《しんちょう》にし、才能ある者は中途《ちゅうと》採用でも重役にするようにいましめています。

西谷善太郎家（最《も》上《がみ》屋）の家祖も神崎郡小幡《おばた》村（旧五個荘）の出身ですが、安土《あづち》城下に移った後八幡城下に移住します。四代目善太郎は、出羽《でわ》地方（山形県《やまがたけん》）に呉服《ごふく》（絹織物）・古着類を行商し、代々同地に出店を構えました。八代目善太郎《ぜんたろう》が活躍《かつやく》した宝暦年間《ほうれきねんかん》（一七五一〜一七六四）には、呉服、真綿《まわた》①、古着類を持ち下り、当地の紅花《べにばな》、青苧《あおそ》、絹糸、タバコを京都《きょうと》や大坂《おおさか》地方で販売《はんばい》し豪商《ごうしょう》の仲間入りを果たします。また、西川利右衛門《にしかわりえもん》（大文字屋《だいもんじや》）は、蚊帳《かや》や畳表《たたみおもて》を商い、江戸《えど》をはじめ、京都や大坂にも出店し富を築きます。同家の家訓は、「義理人情を第一とし、利益追求を後回しにすることが商売繁盛《はんじょう》となり、得られた富に見合った人間形成を行え」です。この二代目西川利右衛門の子である庄六《しょうろく》を初代とするのが西川庄六家です。蚊帳、綿、砂糖、扇子《せんす》などを商い、三代目のころには九州島津藩《しまづはん》の指定御用商人となって、沖縄《おきなわ》の砂糖を扱《あつか》うなど本家をしのぐ豪商となりました。野間清六《のませいろく》は、江戸中期に下総《しもうさ》（茨城県《いばらきけん》）に出店し、幕末期には結城《ゆうき》御三家といわれるほどの勢力を誇《ほこ》る豪商となっています。

①カイコのマユを引きのばして作った綿。

起業家

Q4

高島《たかしま》出身の近江《おうみ》商人には、どのような人がいますか？

南部藩《なんぶはん》（岩手県《いわて》）を商業活動の基盤《きばん》とし、日本初の国立銀行を設立した小野善助《おのぜんすけ》、藩札《はんさつ》発行にもかかわった村井市左衛門《むらいいちざえもん》、百貨店「高島屋《たかしまや》」の基礎《きそ》をつくった飯田新七《いいだしんしち》らがいます。

高島商人の元祖は、慶長《けいちょう》一八年（一六一三）、南部藩（岩手県）の藩主に招かれた村井新七です。現在の盛岡《もりおか》市上《かみ》ノ橋《はし》町に土地をあたえられた新七は、この地に「近江《おうみ》屋」という店を構え、多くの同郷者を迎え入れたことから、高島商人は分家やのれんわけで一大勢力をなすようになり、盛岡の発展に大きく寄与《きよ》することになるのです。

この高島商人を代表するのが、小野権兵衛《ごんべえ》や七代小野善助を生む小野組です。盛岡の城下町で商店を営んでいた小野権兵衛は、村井新七の養子となり、酒造業と質屋を営み大成功を収めます。権兵衛が盛岡へよび

盛岡市に現存する高島商人小野本家の店

寄せた弟や甥《おい》たちもやがて独立し、油、醤油《しょうゆ》・味噌《みそ》の醸造販売《じょうぞうはんばい》をはじめ、上方で仕入れた木綿《もめん》や絹を南部で、南部で仕入れた砂金や紅花《べにばな》などを江戸《えど》や上方《かみがた》で販売し、次第に各地にも出店し、さまざまな品目を扱《あつか》うグループ企業《きぎょう》に成長していきます。

小野善助（初代）も、叔《お》父《じ》小野（村井）権兵衛によばれ、天和《てんな》二年（一六八二）、京都《きょうと》から盛岡に進出し、

「井筒屋善助店《いづつやぜんすけ》」を開き、陸羽《りくう》（青森《あおもり》・岩手《いわて》県など）地方との交易で成功を収めます。その後も小野《おの》一族は明治《めいじ》新政府や①府県の為替方《かわせかた》という公金にかかわる有力な金融《きんゆう》業に転身し、生糸《きいと》貿易、製糸・鉱山業など多方面で新政府の経済基盤《きばん》を支えました。

　七代善助（京都《きょうと》に本拠《ほんきょ》をおく「京都井筒《いづつ》屋」は、明治《めいじ》六年（一八七三）に②三井《みつい》組とともにわが国初の近代銀行である第一国立《だいいちこくりつ》銀行（現みずほ銀行）を創設します。翌年に③「京都転籍《てんせき》問題」にからむ薩摩《さつま》閥《ばつ》と長州《ちょうしゅう》閥との政治的対立に巻きこまれて破産に追いこまれ、「幻《まぼろし》の財閥《ざいばつ》」とよばれています。しかし、その進取《しんしゅ》に富んだ精神は、のこされた一族や店員に引き継《つ》がれ、明治期に鉱山王として日本の財界に重きをなした古河市《ふるかわいち》兵衛《べえ》（古河財閥の創祖）や「みちのくの鉱山王」として中央財界で有名となる瀬川安五郎《せがわやすごろう》、岩手で近代的鉄産業金融を行った小野慶蔵《けいぞう》らの活躍《かつやく》につながりました。

①明治初年、国庫の金銭収納・支払などの事務にかかわった機関。
②為替方三井組。江戸時代の越後屋三井両替店が起源。
③小野組が京都府を相手におこした訴訟事件。小野組転籍事件。

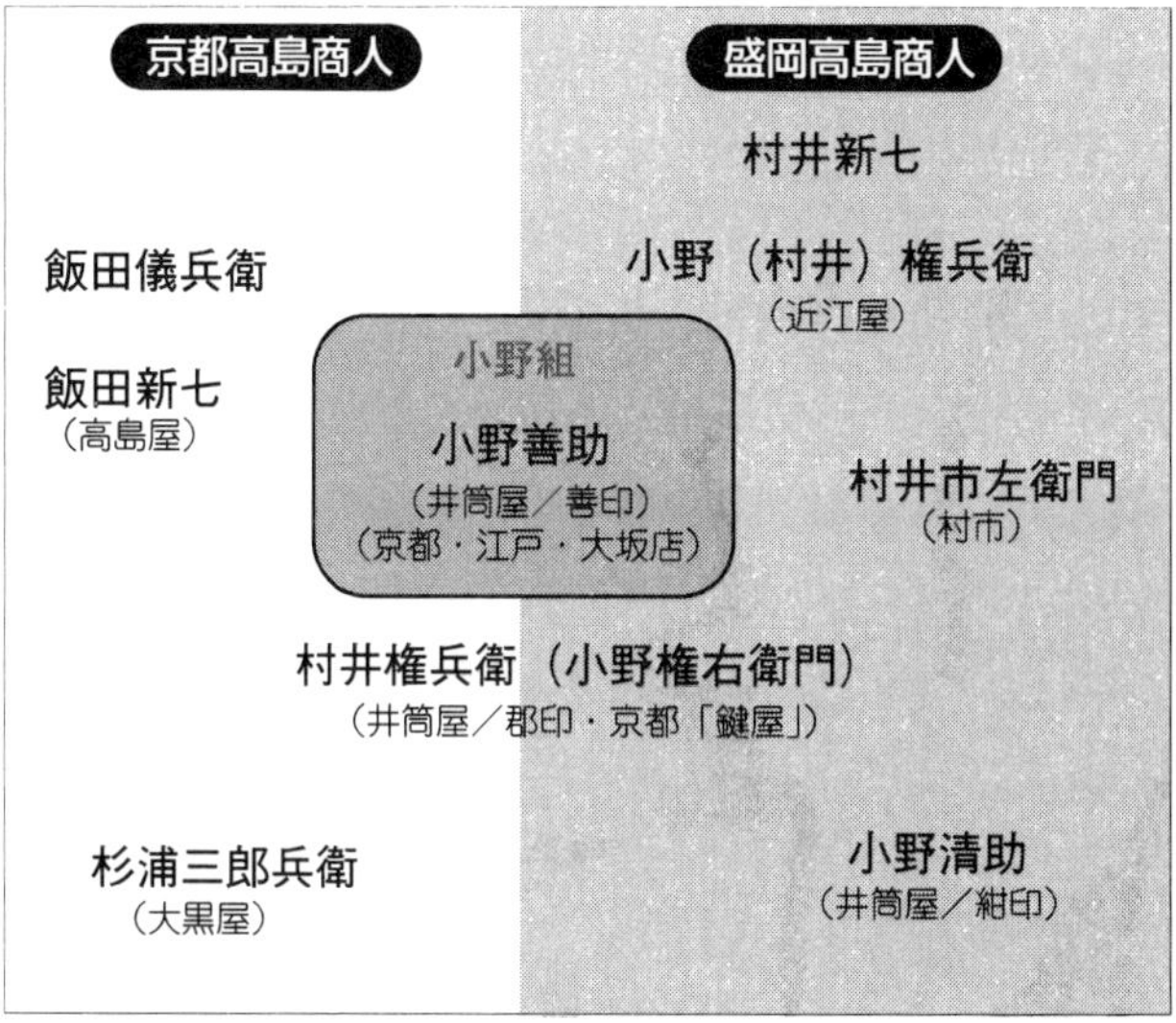

高島商人の代表的な人物と活動地域（参考文献／駒井正一著『高島商人』）

村井市左衛門《むらいいちざえもん》（村市《むらいち》・初代）は、村井新七《しんしち》のもとをへて質屋や酒屋などを営んで栄え、盛岡近江《もりおかおうみ》商人の三始祖の一人と称されています。村市家は、北上川《きたかみ》舟運、尾去沢《おさりざわ》銅山経営、藩札《はんさつ》発行や銀行経営にもかかわります。

事業に成功し、一代で財をなした初代村市家の家訓『ご遺戒《いかい》』には、「人富めば即《すなわ》ち礼にそむく」「そむけば即ちおごる」「おごれば即ち人ににくまる」「にくまれば即ち災いきたる」「きたれば即ち損となる」「損となれば即ち家貧し」「貧しければ即《すなわ》ち人いやし」「いやしければ即ち欲起こる」「起これば即ち邪《よこしま》をなす」「なせば即ち身ほろぶ」とあります。また、『ご遺《い》戒《かい》』にある「不及子」は、故郷の近江《おうみ》聖人中江藤樹《なかえとうじゅ》の影響《えいきょう》を受けており、「自分は及ばざる人」と読み取れて、どんなに商売がうまくいっても謙《けん》虚《きょ》さを失ってはいけないという戒《いまし》めが受け継《つ》がれています。このような関係から、いまも盛岡《もりおか》には多くの近江商人の子孫が活躍《かつやく》しているのです。

村井《むらい》・小野《おの》組に属さない高島《たかしま》商人には、百貨店「高島屋」の創祖となる飯田新七《いいだしんしち》があげられます。新七は、越前国敦賀《えちぜんのくにつるが》の出身ですが、高島郡南新保《みなみしんぼ》村（現高島市）出身で京都《きょうと》で米穀商を営んでいた飯田儀兵衛《ぎへえ》の婿《むこ》養子となったのち、分家として古着と木綿を商う呉服《ごふく》商となります。「高島屋」の屋号で他店よりも早朝から店を開け、「おかげにてやすうり」を合言葉に確実な商品を安価で販売《はんばい》し多くの信用を得て、今日の百貨店「高島屋」の基礎《きそ》を築いたのです。

起業家

Q5

豊郷《とよさと》や五個荘《ごかしょう》など湖東《ことう》から生まれた企業家《きぎょうか》にはどのような人がいますか？

伊藤忠《いとうちゅう》商事や丸紅《まるべに》の創業者となる伊藤忠《いとうちゅう》兵《べ》衛《え》、ツカモトグループの基礎《きそ》を築いた塚本定《つかもとさだ》右衛門《えもん》、「スキー毛糸」で知られる藤井彦四郎《ふじいひこしろう》、市田《いちだ》の基礎を築いた市田弥《や》一郎《いちろう》、「星久《ほしきゅう》」で有名な松居《まつい》久左衛門《きゅうざえもん》などがいます。

伊藤忠商事や丸紅の創業者となる初代伊藤忠兵衛は、犬上《いぬかみ》郡豊郷《とよさと》村で五代目伊藤長兵衛《ちょうべえ》の次男として生まれます。幼少のころから家業を手伝っていた忠兵衛は、十一歳のとき、兄について行商にでかけ、安政《あんせい》五年（一八五八）、十五歳のとき、長崎《ながさき》まで足をのばして麻布《まふ》の持ち下り商を始めます。忠兵衛は、このとき見た外国貿易の活況《かっきょう》に刺激《しげき》を受け、貿易商を目指します。このため伊藤忠商事では、この年を創業の年としています。明治《めいじ》五年（一八七二）には大阪本町《おおさかほんまち》に呉服太物商《ごふくふともの》「紅忠《べにちゅう》」を開店し、

「本家納め」「店積み立て」「店員配当」という「利益三分主義」を実行するなど、近代的な経営方針を打ち出し、現在の伊藤忠商事や丸紅の基礎を築いたのです。

塚本定右衛門（紅《べに》屋・二代目定次）は、神崎《かんざき》郡川並《かわなみ》村生まれ。嘉永《かえい》四年（一八五一）、二十六歳で家督《かとく》を継《つ》ぎ、営業方針を「多利僅商《たりきんしょう》」から「薄利広商《はくりこうしょう》」へ転換《てんかん》しました。明治五年には、東京日本橋《とうきょうにほんばし》に出店し、会社組織に改めるなど、近代化を推し進め、繊維《せんい》総合商社株式会社ツカモトコーポレーションの基礎を築きます。①勝海舟《かつかいしゅう》が『氷川清話《ひかわせいわ》』でスケールの大きい近江商人として感心したという逸話《いつわ》はあまりにも有名です。

藤井彦四郎も、三代藤井善助《ぜんすけ》の次男として神崎郡宮荘《みやしょう》村で生まれました。明治三五年（一九〇二）に兄の四代善助と呉服（絹織物）と太物（綿・麻織物）を商売とする藤井西陣《にしじん》店を開きます。その後、彦四郎は分家し、明治四二年（一九〇九）に藤井糸店を創業、鳳凰《ほうおう》印の「絹小町糸」の

①幕末・明治時代の政治家。江戸城無血開城に努力した。

販売《はんばい》や「スキー毛糸」の製造販売を行います。そのほか、日本ではじめて化学繊維《せんい》を輸入し「人造絹糸《じんぞうけんし》」として販売するなど、不況期《ふきょう》も「現状維持《いじ》は退歩なり」をモットーに経営し、五光《ごこう》商会・共同毛糸紡績《ぼうせき》などの会社をおこし、中国にも進出しました。

市田弥一郎《いちだやいちろう》（初代）は、彦根《ひこね》の紙と荒物《あらもの》①商の三男として生まれます。十三歳のころから商売に従事し、その商才を見こまれて神崎《かんざき》郡旭《あさひ》村（旧五個荘《ごかしょう》町）の市田弥惣右衛門《やそうえもん》の養子となります。はじめ弥一郎は、東海道に荒物や呉服《ごふく》類を行商しますが、その販売力は一日に十里《り》（約四十キロメートル）を行商するほど敏捷《びんしょう》だったといわれています。その後、明《めい》治《じ》七年（一八七四）に東京日本橋《とうきょうにほんばし》に京呉服卸《おろし》商を創業し、市田株式会社の基礎《きそ》を築きました。弥一郎は、晩年には京都南禅《きょうとなんぜん》寺に市田對龍山荘《いちだたいりゅうさんそう》を営み、風月（自然の風物）や芸術を愛しました。市田株式会社は、平成二〇年（二〇〇八）に、株式会社ツカモトコーポレーションと経営統合

①家庭用の雑具（ざる、桶、箒など）を扱う商い。

しました。

外村《とのむら》与左衛門《よざえもん》（五代目）も、神崎郡金堂《こんどう》村（旧五個荘町）出身です。

商人名	出身地	生没年	活動分野
伊藤長兵衛	犬上郡豊郷村	1832～1894	呉服
伊藤忠兵衛	犬上郡豊郷村	1842～1903	呉服・繊維
古川鉄治郎	犬上郡豊郷村	1879～1943	呉服
藤野四郎兵衛	犬上郡豊郷村	1851～1910	水産業
藤野辰次郎	犬上郡豊郷村	1857～1909	水産物加工
薩摩治兵衛	犬上郡豊郷村	1831～1900	繊維・紡績
塚本定右衛門	神崎郡川並村	1826～1905	呉服・小間物
藤井善助	神崎郡宮荘村	1873～1943	繊維・呉服
藤井彦四郎	神崎郡宮荘村	1876～1956	繊維
市田弥一郎	神崎郡旭村	1843～1906	荒物・呉服
外村与左衛門	神崎郡金堂村	1682～1765	太物
松居久左衛門	神崎郡位田村	1770～1855	呉服・太物
小林吟右衛門	愛知郡小田苅村	1777～1854	呉服
塚本喜左衛門	神崎郡金堂村	1849～1921	染呉服
中江勝治郎	神崎郡金堂村	1872～1944	呉服・洋服
弘世助三郎	彦根	1843～1913	金融・鉄道
阿部房次郎	能登川	1869～1937	紡績
大村彦太郎	坂田郡長浜村	1635～1689	材木・呉服

近世・近代に活躍した湖東・湖北出身の近江商人

外村《とのむら》家は代々の篤農家《とくのうか》でしたが、与左衛門《よざえもん》は農業だけでは一家の繁栄《はんえい》はないと考え、農閑期《のうかんき》に近江《おうみ》麻布《まふ》を姫路《ひめじ》、大坂《おおさか》、堺《さかい》などに出かけて行商します。元禄《げんろく》一三年（一七〇〇）には大和《やまと》郡山《こおりやま》（奈良《なら》県）に出店し、その後の総合繊維《せんい》商社「外与《とのよ》」の創業者となるのです。外村《とのむら》一族からは、「外宇《とのう》」「外市《とのいち》」「外宗《とのそう》」など多くの商家が生まれています。

「星久《ほしきゅう》」で知られ、晩年は遊見《ゆうけん》と号した三代松居《まつい》久左衛門《きゅうざえもん》も、神崎《かんざき》郡位《い》田《で》村（旧五個荘《ごかしょう》町）の生まれです。農業のかたわら生糸・綿布・麻布類を全国に行商し、やがて江戸《えど》や京都《きょうと》に出店し、富を築きます。日常の生活は質素倹約《けんやく》に徹《てっ》しましたが、有事には出費を惜《お》しまず、さまざまな社会奉仕《ほうし》につくしています。「奢《おご》れる者必ず久しからず」を信条としました。

そのほかでは、幕末に彦根藩《ひこねはん》の財政を預かり、明治《めいじ》時代には多くの銀行の創設経営にかかわり、現在はホテル経営や衣料品商社「チョーギン」として知られる小林吟右衛門《こばやしぎんえもん》家（丁吟《ちょうぎん》）があります。

起業家

Q.6

明治以降で代表的な
近江商人の企《き》業《ぎょう》家《か》・
会社はありますか？

日本生命保険《にほんせいめいほけん》の弘世助三郎《ひろせすけさぶろう》、東洋紡《とうようぼう》の阿部房次郎《あべふさじろう》、ヤンマーの山岡孫吉《やまおかまごきち》、トーメンの児玉一造《こだまいちぞう》、トヨタの豊田利三郎《とよだりさぶろう》など、数多くの人たちがいます。

「ニッセイ」で親しまれている日本の生命保険業界トップの日本生命保険は、明治《めいじ》二二年（一八八九）、彦根《ひこね》出身の弘世助三郎の努力によって創設されました。助三郎は、天保《てんぽう》一四年（一八四三）、彦根藩士《はんし》川添益《かわぞえます》二郎《じろう》の次男として生まれます。酒造業と持下り商の叔父《おじ》弘世助市《すけいち》（近江《おうみ》屋）の養子となり、十四歳のころから義父につきそって諸国を行商します。家業をゆずられた助三郎は商才を発揮し、彦根城下を代表する商人として多くの金融《きんゆう》機関の設立にもかかわります。その豊富な経験などを生かし、日本生命保険の創設に大きな力を発揮しますが、名誉《めいよ》や地位を

望まない助三郎は、その創設にあたっては黒衣《くろご》に徹《てっ》し、取締役《とりしまりやく》の一人にとどまりました。助三郎の経営理念は「信は信用、信頼の信であり、実は重厚着実の実」とする信実主義です。

大正《たいしょう》一五年（一九二六）に、東洋紡社長となり、レーヨン製造業にも進出する阿部房次郎は、彦根出身でその父親も辻兼三《つじけんぞう》という彦根藩士でした。やがて豪商《ごうしょう》阿部市郎兵衛《いちろうべえ》分家の二代一太郎《いちたろう》に見こまれて同家へ婿《むこ》入りし、義父が関係していた金巾製織《かなきんせいしょく》に就職、その後に東洋紡社長となり、日本の繊維《せんい》業の近代化に貢献《こうけん》するのです。房次郎は、その莫大《ばくだい》な私財を投じて収集した世界に誇《ほこ》る美術品「阿部コレクション」（大阪市立美術館）でも知られています。

トヨタ自動車の初代社長となる豊田利三郎は、明治一七年（一八八四）生まれの彦根出身です。利三郎は、兄の児玉一造《こだまいちぞう》（総合商社トーメンの創業者）が、トヨタグループの創祖である豊田佐吉《さきち》のよき理解者であっため、佐吉《さきち》に望まれ大正四年（一九一五）に婿養子《むこようし》に迎《むか》えられ、昭和《しょうわ》一二年（一九三七）、トヨタ自動車が設立されると、初代社長として同社の経営にたずさわりました。豊田《とよだ》家に婿入りした利三郎《りさぶろう》は、地道な経営実務を担当し、事業家として理想を追いすぎるところがあった佐吉を、また、佐吉の死後も本家の喜一郎《きいちろう》を支え、分家が本家に対して変わらぬ誠意をつくしました。典型的な近江《おうみ》商人の生き方であったといえます。

神崎《かんざき》郡金堂《こんどう》村（旧五個荘《ごかしょう》町）出身の呉服《ごふく》商である中江勝治郎《なかえかつじろう》は、昭和八年（一九三三）、「三中井《みなかい》百貨店」を創業し、朝鮮《ちょうせん》半島や満州《まんしゅう》（中国東北部）に十八店舗《てんぽ》の百貨店を経営します。戦後、この百貨店は忽然《こつぜん》と姿を消し、幻《まぼろし》の百貨店と称《しょう》されていますが、一時期の売り上げは、三越《みつこし》を上回り、勝治郎は「百貨店王」とよばれました。

また、寛文《かんぶん》二年（一六六二）の創業は、三越より創業期が早く、その意味で日本の百貨店の元祖ともいわれる「白木屋《しろきや》」（のちの東急《とうきゅう》百貨店日本橋店《にほんばし》）は、長浜《ながはま》出身の材木商であった大村彦太郎《おおむらひこたろう》が創業し、明治《めいじ》時代の四代目勝全《かつぜん》の時代に飛躍《ひやく》的発展をとげ、日本初の洋風高層建築のデパートとなり、業界初のエレベーターも設置しています。

このほか、明治維新《いしん》のあと創設された全国の国立銀行や私立銀行の創設経営には、多くの近江商人がかかわっています。中央銀行である日本銀行には近江八幡《はちまん》出身の西川貞二《にしかわていじ》郎《ろう》（松前《まつまえ》屋）が大口株主第六位を占《し》め、ほかにも浅見《あさみ》

歌川広重作『名所江戸百景　日本橋通り一丁目略画』に描かれた白木屋（右）（東京都中央区京橋図書館蔵）

又蔵《またぞう》、阿部市郎兵衛《あべいちろうべえ》、下郷伝平《しもごうでんぺい》、小林吟右衛門《こばやしぎんえもん》らが株主として名を連ねています。近江《おうみ》商人の流れをくむとされる現代の企業《きぎょう》には、これまで取り上げてきた企業のほか、ニチメン、日清紡《にっしんぼう》、あるいは京都《きょうと》に本社を置き、「女性共感企業」を目指すワコール、慶応《けいおう》三年（一八六七）創業の老舗《しにせ》企業である塚喜《つかき》商事（塚本喜左衛門《つかもときざえもん》家）のツカキグループなどが知られています。また、滋賀《しが》県近江八幡《はちまん》に本社を置く企業の中には、明治《めいじ》五年（一八七二）創業で全国展開を続ける和菓子の「たねや」があげられますし、明治四三年（一九一〇）創設で、近江商人の士官学校と称《しょう》された八幡商業学校で教鞭《きょうべん》をとったメレル・ヴォーリズ（日本名・一柳《ひとつやなぎ》米来留《めれる》）のメンソレータム（現メンターム）で知られる近江兄弟社《おうみきょうだいしゃ》があります。ヴォーリズの経営理念は近江商人の経営理念と共通するものがあるので、「青い目の近江商人」と評されるにふさわしいといえます。

起業家

Q7 海外で活躍した近江商人はいましたか？

八幡《はちまん》商人には、安南《あんなん》（ベトナム）貿易で巨富《きょふ》を築いた西村太郎右衛門《にしむらたろううえもん》（安南屋）やシャム（タイ）と交易し、シャム染《ぞめ》をもたらしたとの伝承のある岡地勘兵衛《おかじかんべえ》（シャムロ屋）がいます。

戦国末期から江戸《えど》時代初期にかけては、日本人が海外貿易に雄飛《ゆうひ》した時代です。伊勢松坂《いせまつさか》の角屋七郎兵衛《かどやしちろうべえ》、京都《きょうと》の角倉了以《すみのくらりょうい》、堺《さかい》の納屋助左衛門《なやすけざえもん》、摂津《せっつ》の末吉孫左衛門《すえよしまござえもん》、長崎《ながさき》の末次平蔵《すえつぐへいぞう》、原田孫七郎《はらだまごしちろう》など、①朱印船《しゅいんせん》貿易で安南（ベトナム）、ルソン（フィリピン）、カンボジア、シャム（タイ）などを交易国とし活躍《かつやく》した貿易商は少なくありません。近江国《おうみのくに》は外海に面してはいませんが、八幡商人のなかからは西村太郎右衛門（安南屋）のように朱印船貿易商として安南へ渡航《とこう》した商人や、シャムと交易し、シャム染をもたらしたという伝承のある岡地勘兵衛が現れます。と

①江戸幕府から渡航許可の朱印状を受けて、おもに東南アジアで中国船と行った公認の貿易。

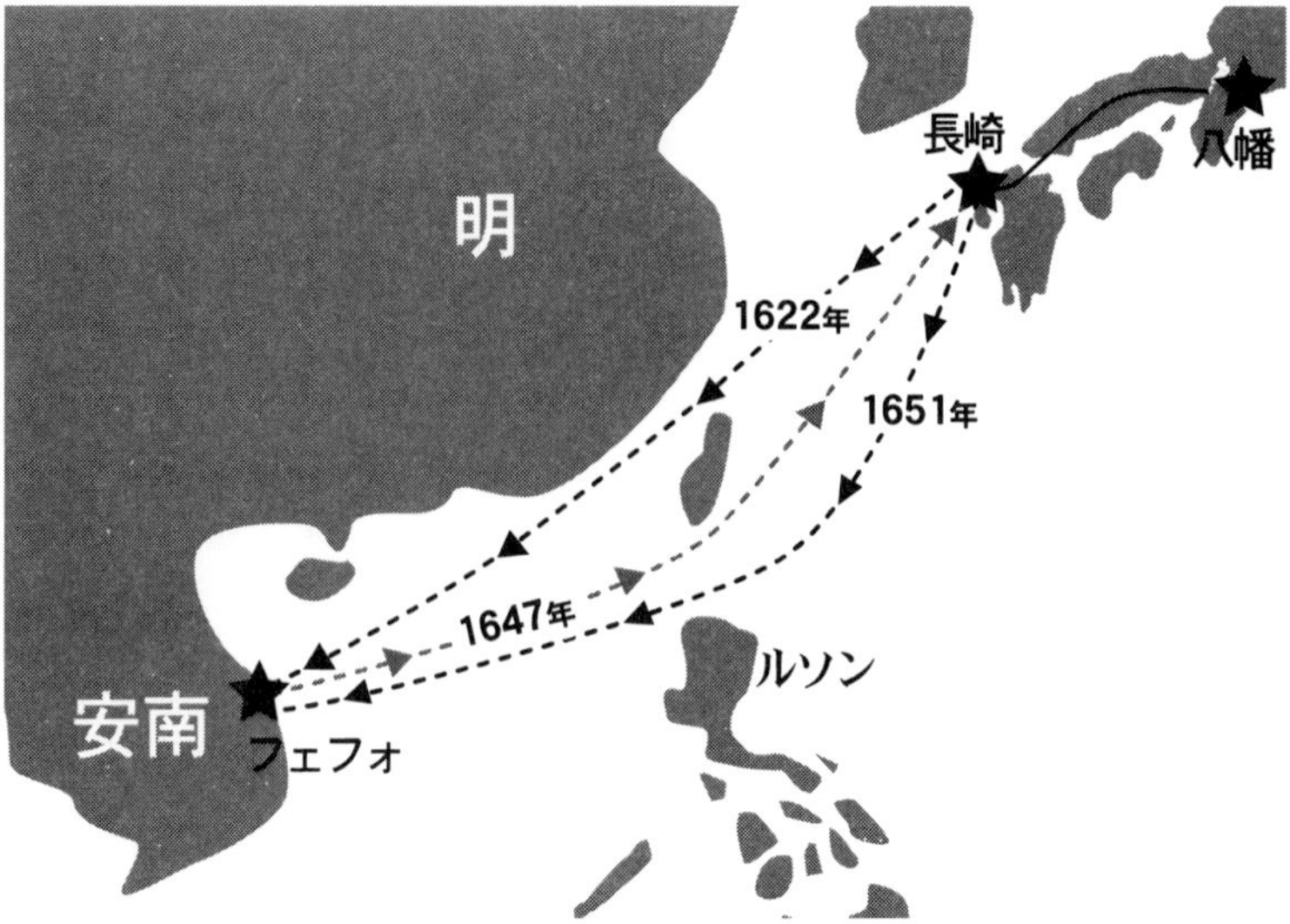

西村太郎右衛門の足跡　安南に渡ってから長崎にもどるまでの25年間の活動は不明だが、日本と安南の間で3回の航海をしたものと推定されている。

りわけ西村太郎右衛門は、安南貿易で巨万《きょまん》の富を築いた豪《ごう》商《しょう》として知られています。

西村太郎右衛門は、綿《わた》屋を営みながら海外貿易の機会をうかがい、寛永《かんえい》年間（一六二四～一六四四）、若干二十歳で京都の豪商角倉了以の朱印船に乗りこみ、安南へ渡り、同地の日本人町で苦労を重ねて住民の尊敬を受け、国王からも信頼の厚い商人となり巨万の富を築きました。一説には元和元年《げんな》（一六一五）、大坂《おおさか》から九州方面へ航海中、暴風雨のために難船漂流《ひょうりゅう》し、安南《あんなん》にたどり着き、その後、その国の政治的な争いで国王方に味方して戦功をあげたことから、国王に認められ一城主として厚い待遇《たいぐう》を受けたとも伝えられています。

正保《しょうほう》四年（一六四七）、太郎右衛門《たろうえもん》は故郷にもどるための長い航海の末、長崎《ながさき》まで帰り着きました。しかし、徳川家光《とくがわいえみつ》の鎖国令《さこくれい》によって上陸することを許されませんでした。そこで、自分の乗った船を絵師菱川孫兵衛《ひしかわまごべえ》に「船中歓談《せんちゅうかんだん》の絵馬《えま》」（安南渡海船額《とかいせんがく》）として描《えが》かせ、郷里の日牟禮八幡宮《ひむれはちまんぐう》に奉納《ほうのう》し、帰郷の実現を祈願《きがん》します。その願いもむなしく、四年後には望郷の念を抱《いだ》きながら、異国の地で病死したと伝えられています。八幡公園には、太郎右衛門の死をいたむ供養塔《くようとう》が建てられています。現在、西村家の邸宅跡《ていたくあと》にあるのが近江八幡《おうみはちまん》市立資料館です。

当時、鎖国令によって帰国できなかったのは太郎右衛門だけではあり

西村太郎右衛門が日牟禮八幡宮に
奉納した『安南渡海船額』

八幡公園にある西村
太郎右衛門の供養塔

ませんでした。近江《おうみ》商人と縁《えん》の深い松坂《まつさか》の貿易商角屋七郎兵衛《かどやしちろうべえ》も安南《あんなん》貿易で活躍《かつやく》しましたが、太郎右衛門《たろうえもん》と同じように鎖国令《さこくれい》により帰国できず、安南の貴族家から妻を迎《むか》え、日本人町に永住したといわれています。

また近代では、神崎《かんざき》郡金堂《こんどう》村出身の呉服商中江勝治郎《なかえかつじろう》の朝鮮《ちょうせん》半島から満州《まんしゅう》（中国東北部）にかけての百貨店事業が特筆されます。勝治郎は明《めい》治《じ》三八年（一九〇五）に朝鮮大邱《テグ》に呉服《ごふく》商店を開いたのを足がかりに、朝鮮から満州において十八店舗《てんぽ》を持つ「三中井《みなかい》百貨店」として発展させました。大正《たいしょう》一三年（一九二四）にアメリカ合衆国《がっしゅうこく》を視察したことが、勝治郎が百貨店事業に取り組むきっかけとなりました。三中井百貨店は順調に事業拡大を続けましたが、日本がアジア・太平洋《たいへいよう》戦争に敗れると、それまでのすべての店舗《てんぽ》や商品を失いました。

起業家

Q 8

発明・発見に貢献《こうけん》した近江の起《き》業《ぎょう》家《か》はだれですか？

謄写《とうしゃ》印刷を発明した堀井新治郎《ほりいしんじろう》、小型ディーゼルエンジンを発明したヤンマーの山岡孫吉《やまおかまごきち》、萌黄《もえぎ》の蚊帳《かや》を発明した「ふとんの西川《にしかわ》」の二代西川甚五郎《じんごろう》、コマーシャルソングをはやらせた「もぐさ屋の伊吹堂《いぶきどう》」の亀屋左京《かめやさきょう》などがいます。

今ではどの家庭にもパソコンや複写機能を備えたプリンタが普及《ふきゅう》し、簡単《かんたん》に文書や写真をコピーできるようになりました。しかし、それ以前にコピーといえば、青焼あるいは謄写版が、学校をはじめ、企業《きぎょう》や役場でも使われていました。謄写版とはガリ版用紙といわれる蝋《ろう》を塗《ぬ》った紙をヤスリ板の上に置き、鉄筆で文字や図形を描《えが》いて版をつくり印刷する簡易な印刷のことです。この謄写印刷を発明したのが、蒲生《がもう》町で醸造《じょうぞう》業を営んでいた堀井家に、耕造《こうぞう》（二代目新治郎）の養父として迎《むか》えられた

初代新治郎です。

新治郎は、アメリカを視察したのち、土地家財を売り払《はら》って上京し、息子の耕造とともに研究に取り組み、苦労の末に謄写印刷を発明しました。初代新治郎が発明した謄写印刷の原型は、エジソンの「ミメオグラフ」とされています。さまざまな印刷機が発達した現在の日本では、印刷機器としての謄写版の使命はなくなりましたが、いまでは新しい版画の分野で活用されています。

世界初の小型ディーゼルエンジンを発明したのが伊香《いか》郡古保利《こほり》村（現長浜《ながはま》市）出身の山岡孫吉です。小学校を卒業した孫吉は、勤めていた大阪《おおさか》のガス会社でガスエンジンと出会い、その研究に取り組みます。やがて孫吉は燃料をガスから石油仕様に改造した農家向けのもみすり機の石油発動機を開発し、「トンボ」と名づけます。これによって、日本の農業の機械化は進展しました。しかし、「トンボ」は商標侵害《しんがい》の抗議《こうぎ》を受け、「トンボがだめならもっと大きいヤンマに」と名づけたものが、現在の社名となっているのです。孫吉《まごきち》はその後、さらに研究に励《はげ》み、昭《しょう》和《わ》八年（一九三三）、世界初の小型ディーゼルエンジンを完成させます。孫吉がエンジンの小型化にこだわり続けたのは、「百姓《ひゃくしょう》のせがれだから、百姓が喜ぶものをつくっていく」という信念でした。孫吉はまた、日本洋画の蒐集《しゅうしゅう》家としても知られていますが、そのコレクションは、遺族の希望で「山岡《やまおか》コレクション」として、茨城《いばらき》県にある笠間《かさま》日動《にちどう》美術館に収められ、広く一般《いっぱん》に公開されています。

　また、江戸《えど》時代には、八幡《はちまん》商人である西川甚五郎《にしかわじんごろう》家（山形《やまがた》屋）の二代目甚五郎が、萌黄《もえぎ》の蚊帳《かや》を考案しました。蚊がほとんどいなくなった現代では、夏の夜に蚊帳を張った部屋で寝《ね》ることがなくなりましたが、江戸時代の人々にとっては生活必需品《ひつじゅひん》でした。しかし、当時の蚊帳は、材質こそ①紗《しゃ》から麻《あさ》に代わっていましたが、見た目には美しくありませんで

①生糸を使った織物で、目があらく軽くて薄い。

喜多川歌麿の浮世絵に描かれた蚊帳

した。アイディアマンであった二代目甚五郎は、行商の途中《とちゅう》の夢のなかで見た原野の若葉から、染色《せんしょく》を工夫して、見た目にも美しい萌黄色の蚊帳を創案し、紅色《べにいろ》の縁《ふち》取りを施《ほどこ》しました。この萌黄の蚊帳は、江戸市中で大きな反響《はんきょう》をよび、萌黄色と紅色のデザインの蚊帳は近江《おうみ》蚊帳の代名詞として定着していきました。

現代では商品販売《はんばい》にコマーシャルソングはあたりまえですが、日本で初めてCM《シーエム》ソングを利用して商品販売に生かしたのが、今も伊吹山麓《いぶきさんろく》にある「もぐさ屋伊吹堂《いぶきどう》」の亀屋左京《かめやさきょう》（六代目松浦七兵衛《まつうらしちべえ》）でした。七兵衛が江戸《えど》に行商に出たのは天明期《てんめい》（一七八一〜一七八九）のころですが、お金を蓄《たくわ》えると、当時の流行発信地であった①吉原《よしわら》で豪遊《ごうゆう》したのち、芸者たちに吉原に来るすべての客に、「江州柏原《ごうしゅうかしわばら》　伊吹山のふもと　亀屋左京のきりもぐさ」と歌い聞かせてほしいと頼《たの》みこみました。日本初ともいえるこの単純なＣＭ《シーエム》ソングが流れたのち、七兵衛は多くの売子を雇《やと》い、屋号入りの法被《はっぴ》を着せて行商し、大いに富を築いたといわれています。「まず人に喜んでもらい、その後にもうけさせていただく」という近江《おうみ》商法と、だれでも口ずさむことのできる簡単《かんたん》な言葉を使った、ＣＭソングの先駆《さきが》けともいえる妙案《みょうあん》によって、伊吹もぐさは全国に知れわたりました。伊吹もぐさの暖簾《のれん》は、いまも子孫により守り続けられています。

①遊郭街のあったところ。現在の東京都台東区の一角。

教育

Q1

近江商人は、読み書きや計算方法をどのように身につけたのですか？

幼年期は「梅廼舎《うめのや》」や「時習斎《じしゅうさい》」という、全国的にはレベルの高い寺子屋で学んでいました。その識字率《しきじりつ》は世界的にも高水準にありました。

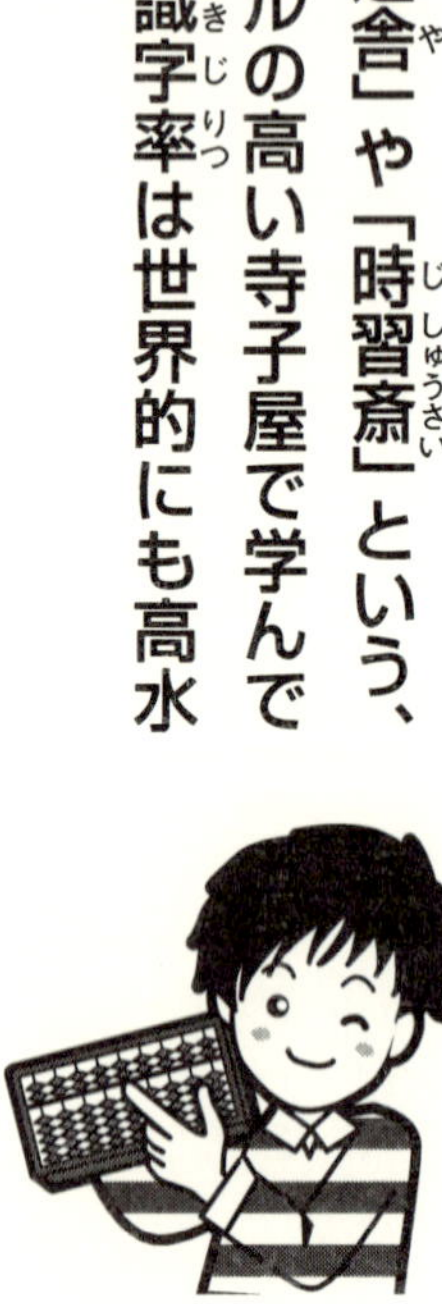

近江《おうみ》商人が活躍《かつやく》した江戸《えど》時代は、全国的に庶民《しょみん》の教育機関として「寺小屋」が普及《ふきゅう》しました。藩校《はんこう》が武家階層の子供の教育機関であったのに対し、寺小屋は僧侶《そうりょ》や神官・医者・浪人《ろうにん》、あるいは農民や町人で教養のある文人《ぶんじん》が先生となり、農民や町人の子どもに読み書きやそろばんを教えた教育の場です。その起源は、室町《むろまち》時代に僧侶が付近の子供を集めて読み書きを教えたのが始まりとされています。江戸中期の天保《てんぽう》年間（一八三〇〜一八四四）には、商工業の発展や幕府の文書主義もあり、身分や性別、また、都市や農村などの居住地にかかわらず、広く日常生活に

寺子屋の風景

文字を使ったり計算したりする機会が増えたことから、寺小屋は全国各地に急増しました。この寺小屋による庶民教育により、明治《めいじ》初期における日本の識字率が世界的にも高水準であったことが、その後の驚異的《きょういてき》な近代化を支える原動力となったといわれています。

多くの近江商人を生み出した五《ご》個荘《かしょう》（東近江市《ひがしおうみ》）には十校の寺小屋がありました。全国的にみてもその開校はいずれも早く、一寺小屋あたりの寺子（生徒）数は全国平均をはるかに上回り、識字率《しきじりつ》や算術普及率《ふきゅうりつ》も高いものがありました。
五個荘《ごかしょう》では寛永《かんえい》一七年（一六四〇）に梅廼舎《うめのや》、元禄《げんろく》九年（一六九六）には時習斎《じしゅうさい》という寺子屋が開校され、明治《めいじ》時代の学制施行《しこう》まで存続しました。時習斎では、のちに豪商《ごうしょう》となる高田善右衛門《たかだぜんえもん》や藤井善助《ふじいぜんすけ》、松居遊見《まついゆうけん》など、そうそうたる近江《おうみ》商人が幼年期に学んでいます。一校あたりの平均寺子数も、全国平均六十人に対して五個荘では百十人と倍近くに達し、しかも女性の生徒数が多かったといわれています。算術の授業の占《し》める割合も、全国の寺小屋の平均値が二十一パーセントであるのに対し、五個荘の寺小屋は七十パーセントに達しています。この地域における算術の普及率がいかに高かったかがよくわかります。

このような五個荘の人々の学習意欲の高さが、多くの近江商人を生み出す大きな要因のひとつになったといえます。また同時に、先達《せんだつ》の近江商人をたよって商家へ奉公《ほうこう》に出る者が多かったことから、読み書きおよ

創立当初の淡海女子実務学校　（近江商人博物館提供）

び算術能力を身につけることが期待されていたものと思われます。当地の旧家にのこる書物は多方面にわたりますが、大成した商人の教養の高さは、このような幼年期からの教育と、のちに述べる周囲の文化サロン的な教養の場の存在が大きく影響《えいきょう》していたのです。

明治に入ると学校教育が義務化され、また、丁稚《でっち》を本宅で教育するという風習もなくなり、近江商人系企業《きぎょう》の幹部教育は、高等教育に委《ゆだ》ねられます。しかし、このような初等教育に熱心であった土地柄《とちがら》なので、明治《めいじ》四〇年（一九〇七）五月、藤井善助《ふじいぜんすけ》などが中心となり、優れた近江《おうみ》商人を養成するための神崎《かんざき》実業学校（のちの神崎商業学校）を、大正《たいしょう》八年（一九一九）一月には、近江商人の妻・塚本《つかもと》さとが、七十七歳の喜寿《きじゅ》の年に、女子教育の普及《ふきゅう》と改善を目指し、私財を投じて私立淡海《たんかい》女子実務学校（のちに淡海高等女学校と改称）を創立することになるのです。

五個荘《ごかしょう》以外でも、滋賀《しが》県内では、近江商人の士官学校とよばれた八幡《はちまん》商業学校（現在の八幡商業高校）の前身は、明治一九年（一八八六）創立の滋賀県商業学校ですが、東京《とうきょう》で最初に創立された高等商業学校（のちの東京高等商業学校）でさえ明治二〇年（一八八七）の創立であることなどを考え合わせると、全国に先駆《さきが》けて滋賀県下では高度な商業教育が実践《じっせん》され、明治以降の近江商人たちを送り出していたといえます。

教育

Q2

近江商人は、子弟やお店で働く人をどのように教育したのですか？

近江《おうみ》商人の留守《るす》をあずかる本宅の妻たちが、母親代わりとなって子弟の教育に努め、読み書きそろばんから、行儀《ぎょうぎ》作法のしつけまで教育していました。

「関東後家《ごけ》」や「近江後家」という言葉が語り継《つ》がれているように、近江商人は、店主であっても奉公《ほうこう》人であっても、現代風にいうと、すべて単身赴任《ふにん》者で、妻や子は近江にのこしていました。それだけに、近江商人にとっては、留守のあいだも本宅の生活が無事に営まれていることが、活力の源となるので、妻の役割は普通の家庭以上に重要でした。そのため、近江商人の妻たちは、ただ家を守り、子供を育てながら辛抱《しんぼう》強く夫の帰りを待つだけではありませんでした。本宅の妻ともなると、家事や育児のほか、出店へ送る食料、着物・帯・前かけなどの①仕着《しき》せの準備、

①主人が使用人にあたえる衣服。

布団《ふとん》の打ち直し、訪問客への対応のほか、丁稚《でっち》見習い希望者の採用面接、その教育、しつけから配属先を決めることまでの重要な人事管理の役目もあたえられていました。

本宅の妻は、十歳くらいの丁稚見習いを採用面接し、しばらくのあいだ、読み書きそろばんを教えるかたわら、使い走りや子守、掃除《そうじ》などをさせ、商人としての性格や才能の適格性を見きわめる店員教育の役割を受けもち、この導入教育を通じて眼鏡《めがね》にかなった丁稚

近江商人の妻の働き

見習いをそれぞれの才能に適した店に配属したのです。中井源左衛門《なかいげんざえもん》家（四代）の店則『光基掟目《こうきじょうもく》』には、「子供など油断なく算筆精出し稽古《けいこ》をせよ。また、毎朝人よりも先に起きて、座敷や勝手まわりとも隅々《すみずみ》まで念を入れて拭《ふ》きはき掃除《そうじ》をし、神仏に明かりをあげること」、「夜も昼も子供は算筆精出し、十時になったら就寝《しゅうしん》せよ。夜ふけまで雑談や碁《ご》・将棋《しょうぎ》は許さない」といった戒《いまし》めが定められています。幼児期にあたえる母親の影響《えいきょう》は非常に大切であり、近江《おうみ》商人の妻たちは、預かった丁稚《でっち》見習いの健康管理のほか、読み書きそろばんに代表される知育はもちろんのこと、店内や世間でも通用する徳育に、より一層の重点をおいた総合教育で「商人らしい」一人前の人間をつくりだしていたのです。このように、その内助の功は大きなものがありました。

また、本宅の妻たちは出店に行かなくても、郷里にもどってきた奉公《ほうこう》人たちは、何をおいても本宅にはご機嫌《きげん》うかがいに出向いてくるので、

近江商人の妻（本宅）と出店の関係

店内での奉公人の情報を十分につかむことができたのです。そのため、男性である店主にはまねのできない人間評価を行っていたのです。そして、ときには出店でしくじって帰郷を命ぜられ、本宅へあいさつに出向いた奉公人を仏前などに連れ出し、ねんごろに教え諭《さと》して改心させ、職場復帰に口添《くちぞ》えすることもありました。近江商人系企業《きぎょう》では、商店から会社組織となってからも本宅勤めというものがあり、幹部候補生は本宅の妻から人間教育を受けていました。

また、後継者《こうけいしゃ》の育成は妻の重要な役割でした。五個荘川並《ごかしょうかわなみ》の塚本権左衛門《つかもとごんざえもん》は、陶器《とうき》行商で甲州《こうしゅう》（山梨《やまなし》県）・武州《ぶしゅう》（主に埼玉《さいたま》県）・相州《そうしゅう》（神奈川《かながわ》県）に進出し、江戸《えど》店を開設しますが、妻くのは夫を助けて信楽《しがらき》で仕入れを担当し、夫の死後は自ら江戸にあって店を取り仕切りました。このため、姑《しゅうとめ》みつは郷里にあって孫の教育にあたり、養子を入れて相続させますが、みつの一喝《いっかつ》は大変な重みがあったといわれています。まさしく近江《おうみ》商人の妻たちは、単なる人の妻や子供の母親というよりは、事業のパートナーという側面が強かったのです。

教育

Q3

「丁稚《でっち》の初登《はつのぼ》り」とはどういうことですか？

出店《でみせ》へ配属された丁稚《でっち》たちが、初めて親元への帰省を許されることです。長い奉公《ほうこう》期間の一区切りであり、リフレッシュ休暇《きゅうか》でしたが、商人として見こみのない者は、そのまま親元で暮らし、出店へは帰れませんでした。

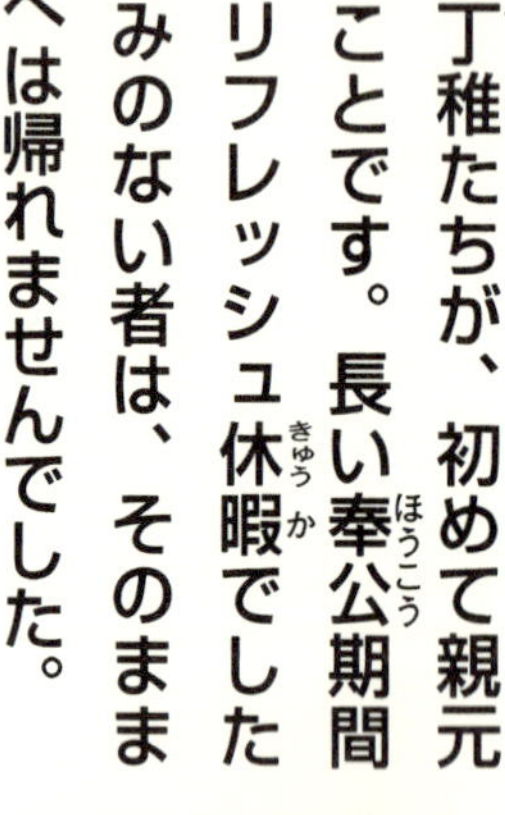

全国の主要地に進出した近江《おうみ》商人は、その出店の人材を同郷の男性で固めるのを通例としました。出店では、主人をはじめ丁稚にいたるまで全員が住みこみによる集団生活を原則としたので、奉公人の身元が確実であり、全員が生活習慣を共有できて団結心を養えることが、出店の営業を支える大きな基盤《きばん》となったのです。「子供」ともよばれた丁稚は、十歳ごろに丁稚奉公に入るとき、奉公人請状《うけおいじょう》という入店誓約《せいやく》と身元引受けを兼ねた証文を本宅へ差し入れました。大商人はその出身地の近くに

専属の周旋人《しゅうせんにん》をかかえており、その周旋人の仲介《ちゅうかい》で子供が連れてこられました。この周旋人が「宿元《やどもと》」とよばれる身元保証人となって、雇用《こよう》期間中に子供に不都合があったり、病気で奉公ができなくなると、ひまを出しました。そのときは親元へ直接に帰さずに宿元へもどしたのです。このため、ひまを出すことを「宿元へもどす」といいます。

丁稚は、まず郷里の本宅で試験的に使われ、留守宅の妻が訓練しました。そして、妻の眼鏡《めがね》にかなった者を出店へ派遣《はけん》し、さらに商人としての訓練を積ませたのです。このように、店行きは商人を目指すものにとってはエリートコースだったのです。出店へ配属された丁稚は雑役に追われながら奉公して五年目くらいになると、初めて親元(在所)への帰省が許されます。これを「初登り《はつのぼ》」というのです。初登りを終え、再び出店へもどることを許された丁稚たちは、ようやく手代《てだい》として販売《はんばい》などにかかわることができるようになるのです。さらに、二、三年後に「中登り」

が認められ、奉公人《ほうこう》としての格も番頭、支配人へと上がっていくにつれ、毎年一か月ほどの在所への登り休暇《きゅうか》があたえられ、そのころに結婚が許されました。

この在所登り制度は、奉公人にとって長い奉公期間の一区切りであり、大きなリフレッシュ休暇となりましたが、いったん退職の形をとるので、継続《けいぞく》勤務が可能かどうか、それまでの勤務評価が下されるときでもありました。このように在所登り制度は、単なる年功序列ではなく、人材選抜のきびしい能力主義によって貫かれていたのです。現在の雇用《こよう》関係は労働力の提供ですが、当時は一人前の商人になるための訓練を受け、店で修業するという「教育」の意味が強く、一定の年季をきめた雇用で、年季が明け、見こみのない者は近江にもどされて帰農したのです。近江商人は数が多いのが特徴《とくちょう》ですが、このように商人になれず農民にもどることも決して珍《めずら》しいことではなかったのです。

近江商人の丁稚からの歩み

出店では、「店の者はすべて幼は長に従い、手代《てだい》は番頭に下知《げじ》（命令）を請《う》け、番頭は商売向一切《むきいっさい》、支配人の下知に従うべき事」（市田清兵衛《いちだせいべえ》家三代「家訓」）ときびしい命令系統が定められていました。しかし、その一方では、「若年の者は支配人及び番頭たるを許さず、奉公人《ほうこうにん》は中途より来る者にても、商売向に相当の技量ある者は引上げて重役を申し付くべき事」と、抜擢《ばってき》人事のあることも定めています。また、中村治兵衛《なかむらじへえ》家（高級麻織物・近江上布《おうみじょうふ》の始祖）の家訓には「我より年長の人の言うことは、一度は能《よ》く聴《き》き、後その善悪を考へ善の方に従うべし」とあります。

このように出店は商業活動の戦闘《せんとう》集団とはいえ、絶対服従の非情不合理な集団ではなく、和合と敬愛が尊重され、服従と道理の調和を保ったエリート集団によって経営されていたのです。

文化

Q1

近江商人と仏教信仰《しんこう》にはどんな関係がありましたか？

近江《おうみ》商人はあつい仏教信仰《しんこう》をベースにした倫理観《りんりかん》をつくりあげました。「報恩《ほうおん》」や「自他利他円満」を内面化し、「正直」「勤勉」「始末」「倹約」精神を育みました。そして、「御仏《みほとけ》の心にかなう商い」を目指し、その究極に「三方《さんぽう》よし」という考え方を生み出したのです。

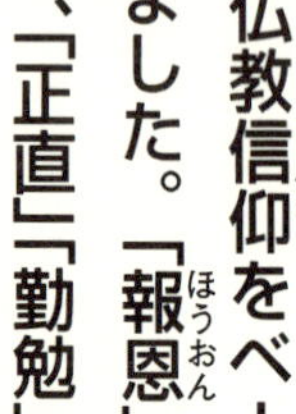

近江の地は、比叡山《ひえいざん》の半分が位置していることもあり、元から天台《てんだい》宗や浄土《じょうど》宗・浄土真《じょうどしん》宗のお寺がたくさんある信仰のあつい土地柄《とちがら》です。このため、近江で生まれ育った人々は、幼児期からこうした宗教的雰囲気《ふんいき》のなかで育ち、仏教的な倫理観を身につけていきました。近江商人もその例外ではなく、非常に信仰心があつく、きびしい商業活動のなかでの精神的なよりどころを信仰に求めたのは自然の成り行きであったと思い

ます。①司馬遼太郎《しばりょうたろう》は、その著書《ちょしょ》『街道をゆく・近江散歩、奈良《なら》散歩』で「させていただきます」という語法は、「阿弥陀如来《あみだにょらい》のおかげで」が省略されている言い回しで、近江門徒が京・大坂《おおさか》や江戸《えど》で大商人として形成されてゆく過程で根づき、広まっていったと思うという風に語っています。

このように近江商人は、熱心な真宗門徒であったことから、行商に出るときでも、「道中厨子《どうちゅうずし》」という携帯《けいたい》用の仏像を持ち歩き、「御仏の心にかなわない商いはしない」ことを信条としていたのです。つまり、営業の成果や経済の状態を「天性の成り行き」であると考え、自らの勝手や思惑《おもわく》ではなく、「御仏の心にかなった」商売をするように心がけたのです。損得は長い目でみることが大切であり、「御仏の心にかなう商い」を

近江商人の道中厨子と仏像
（近江商人博物館提供）

①昭和期に歴史小説を数多く著した作家。『竜馬がゆく』『国盗り物語』など。

していれば、必ず家業は永続すると固く信じたのです。伊藤忠《いとうちゅう》商事や丸紅《まるべに》の創祖として有名な初代伊藤忠兵衛《いとうちゅうべえ》の座右の銘《めい》は「商売は菩薩《ぼさつ》の業、商売道の尊さは、売り買いいずれをも益し、世の不足をうずめ、御仏《みほとけ》の心にかなうもの、利真於勤（利は勤むるに真なり）」であり、全店員に親鸞上人《しんらんしょうにん》の教えを説いた「正信偈《しょうしんげ》・和讃《わさん》」を持たせて、店員一同と朝夕仏壇《ぶつだん》に向かって念仏をあげていたといわれています。

近江《おうみ》商人と仏教信仰《しんこう》との関係については、研究史上でも、内藤莞爾《ないとうかんじ》が「宗教と経済倫理《りんり》―浄土真宗《じょうどしん》と近江商人―」という論文を発表しています。内藤氏は、その論文で浄土真宗の教えとプロテスタントの説教との相違などの関係について分析《ぶんせき》し、宗教の教えが近江商人の高い倫理観に及《およ》ぼした影響《えいきょう》を明らかにしています。司馬遼太郎《しばりょうたろう》は、先の著書で、他力《たりき》にすがる真宗門徒としての近江商人の生きざまを指摘しています。近江商人は子供のころからお寺で説教を聞き、「阿弥陀如来《あみだにょらい》のおかげでご飯を食べさせていただいている。仕事をさせていただいている」と、朝な夕なに阿弥陀如来の前で、手を合わせていたものと思います。生活・仕事・職業に対して、阿弥陀如来への報恩・感謝の念を失わない宗教的・精神的基盤《きばん》が近江商人の礎《いしずえ》になったと考えられます。

こうして近江商人は、浄土真宗の教えから、報恩の心をもって自己の利益よりも他人と共に利益を取得することを優先する倫理観を内面的につくり上げ、常に「正直」「勤勉」「始末」「倹約」などの精神を育み、「御仏の心にかなう商い」を目指したのです。つまり、信仰に独力ではかなえることのでき

近江商人は信仰と商活動を不可分と考えていた。

ない家業永続という願いを託《たく》す反面、信仰《しんこう》によって自己の欲心を抑《おさ》え、散財を防ぐことができ、家業永続を実現したのです。天台《てんだい》宗にも「忘己《もうこ》利他《りた》（己《おのれ》を忘れて他を利する）は慈悲《じひ》の極みなり」という教えがあり、古くから近江《おうみ》の人々の心に根づいていたと思います。こうした宗教的倫《りん》理《り》観は、日野《ひの》の豪商《ごうしょう》中井源左衛門《なかいげんざえもん》家の初代良祐《りょうゆう》が九十歳のときに書きのこした家訓『金持商人一枚起請文《きしょうもん》』からもうかがうことができます。良祐は、その中で「金持ちになるには、長寿《ちょうじゅ》と始末と勤倹《きんけん》の三徳に努めることが大切であり、さらに天下の大富豪《だいふごう》となるためには、二代、三代と続いてよき経営者が生まれてこなければならないが、それは初代がどれほど個人的に努力しても人間の努力だけでかなえられない。人間の能力の限界を超《こ》えている以上は、陰徳善事《いんとくぜんじ》（御仏の心のように無心で人や世の中のためによいことをすること）をおこない、そのあとは運（神仏）にまかせるしかない」といましめているのです。

文化

Q2

芸術家を育成したり、文化財を保護した近江商人はいましたか？

江戸《えど》時代後期の洋風画家の司馬江漢《しばこうかん》を支援《しえん》した中井源左衛門《なかいげんざえもん》や東洋美術の保護のために私財を投じて京都《きょうと》の岡崎《おかざき》に私設博物館「有隣館《ゆうりんかん》」を開設した藤井善助《ふじいぜんすけ》、日本とフランスの文化交流につくした薩摩治郎八《さつまじろはち》などがいます。

行商から出発して大成した近江《おうみ》商人は、次第に交際範囲《はんい》が広がると、自身の文化的素養を身につける必要に迫《せま》られたこともあって、商家に滞《たい》在《ざい》した画家や書家・俳人などへの経済的な支援を惜《お》しみませんでした。江戸時代後期の洋風画家の開拓者《かいたくしゃ》として知られる司馬江漢は中井源左衛門家を訪れていますし、京都四条派《しじょうは》の画家塩川文麟《しおかわぶんりん》も日野《ひの》に滞在していました。このような豪商《ごうしょう》の文化人や芸術家への支援と保護によって、優れた文化・芸術作品が現代まで守り伝えられています。

藤井善助が開設した博物館「有隣館」（近江商人博物館提供）

五個荘《ごかしょう》出身の近江商人で、明治《めいじ》六年（一八七三）生まれの四代藤井善助（布屋《ぬのや》）は、「理財の才にたけた京滋《けいじ》（京都《きょうと》と滋賀《しが》）実業界の重鎮《じゅうちん》」と評されています。善助は、青年期の中国留学の経験や、ひそかに師と尊敬していた「憲政の神様」①犬養《いぬかい》毅《つよし》の感化を受け、東洋美術の保護のため私財を投じています。この私財を投じた博物館が、大正《たいしょう》一五年（一九二六）に京都岡崎に開設された私設博物館「有隣館」で、東洋美術の宝庫として多くの研究者に利用されています。善助は「美術は、一国文明の象徴《しょうちょう》にして文化の尺度たり。わが国文化の開発は

①立憲政友会総裁で1931年に首相となるが、五・一五事件で殺害された。

往昔《おうせき》（昔から）中国に負うところ更《さら》に深し。しかるに、近時東洋文化の誇《ほこ》りとすべき宝器名品外国に流出し、欧米《おうべい》に去るを防がんと欲し、自ら微力《びりょく》を顧《かえり》みず、これを蒐集《しゅうしゅう》す。（中略）公衆に公開して人心を美化し、芸術の学術研究に資する」と語っています。

また、中国美術に敬意の気持ちを抱《いだ》いていた東洋紡《とうようぼう》社長となる阿部房《あべふさ》次郎《じろう》も、辛亥《しんがい》革命で当時の中国国家であった清《しん》朝が滅亡《めつぼう》したため、多くの文物《ぶんぶつ》が海外に散乱流出し、失われたりしたことに心を痛め、私財を投じて「阿部コレクション」（のちに大阪《おおさか》市立美術館に寄贈《きぞう》された）とよばれる美術品を蒐集しています。

さらに、海外で芸術家のパトロンとして活躍《かつやく》し、日本とフランスの文化交流につくした人物がいます。①瀬戸内晴美《せとうちはるみ》著『ゆきてかえらぬ』のモデルともなった近江《おうみ》商人の系譜《けいふ》に連なる「バロン（男爵《だんしゃく》）薩摩《さつま》」とよばれた薩摩治郎八《じろはち》です。彼《かれ》は、明治《めいじ》三四年（一九〇一）、豊郷《とよさと》町出身の豪《ごう》

①小説家。瀬戸内寂聴。

商《しょう》薩摩治兵衛《じへえ》の息子として生まれます。十九歳でヨーロッパに渡《わた》り、この地で三十年間を過ごしますが、フランスで洋画家藤田嗣治《ふじたつぐはる》と出会った彼は、新しい芸術・音楽が誕生する時代のパリの社交界を中心にフランス文化を吸収します。ラヴェルらの作曲家と交際のあった彼は、フランス政府の要請《ようせい》に基づき同国の現代音楽を日本に紹介《しょうかい》する一方、②岡本綺堂《おかもときどう》『修禅寺《しゅぜんじ》物語』のパリ公演を企画《きかく》し日本文化をフランスに紹介するなど、日本とフランスの文化交流の架《か》け橋になりました。

薩摩治郎八（上）と『修善寺物語』パリ公演の成功を報じた新聞記事

②明治時代の小説家、劇作家。『由井正雪』『半七捕物帳』などの代表作がある。

また、関東大震災《だいしんさい》後、財政に余裕《よゆう》がなかった日本政府に代わり、私財を投じてパリに日本館（「パリ国際大学都市日本館─薩摩《さつま》財団」）を建設するほか、所有していた多くの美術品をプラハの国立美術館に寄贈《きぞう》しています。しかし、薩摩家は世界大恐慌《だいきょうこう》のあおりを受けて倒産《とうさん》し、資金源を断たれた治郎八《じろはち》は、昭和二六年（一九五一）、無一文で帰国し、その後はパリでの生活を伝える回顧録《かいころく》『せ・し・ぼん』を執筆《しっぴつ》し、七十四歳の生涯《しょうがい》を終えます。

多くの近江《おうみ》商人が事業の継承《けいしょう》をかたく守ってきたなかにあって、治郎八の生き方は特異なものでした。しかし、放蕩《ほうとう》息子といわれながらも、日仏《にちふつ》の文化交流につくした彼《かれ》が後世にのこしたものは限りなく大きなものがあります。治郎八にも近江商人の「陰徳善事《いんとくぜんじ》」の血が流れていたとしか思えません。

文化

Q3

近江商人と関連のある文人・画家にはどんな人がいましたか？

日本画家の塩川文麟《しおかわぶんりん》、竹内栖鳳《たけうちせいほう》、富岡鉄《とみおかてっ》斎《さい》、書・陶芸家の北大路魯山人《きたおおじろさんじん》らが深い関係をもっていました。近江《おうみ》出身者では野村《のむら》文挙《ぶんきょ》、山本春挙《やまもとしゅんきょ》、洋画家の野口謙蔵《のぐちけんぞう》、文芸作家の外村繁《とのむらしげる》などがいます。

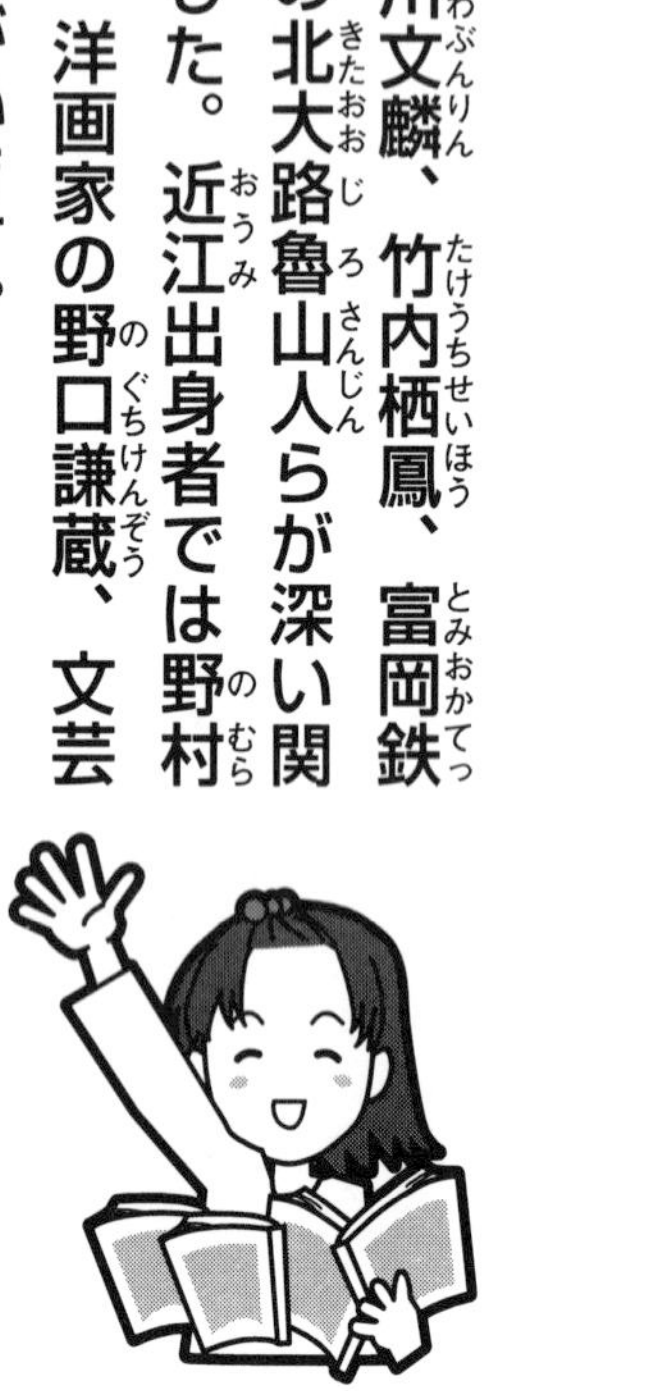

近江は京都《きょうと》に近く、近江八景《はっけい》に代表される景勝地や旧跡《きゅうせき》が豊かなため、古来より多くの文人や画家などが訪れています。とりわけ幕末から明治《めいじ》にかけて、京都の動乱を避《さ》けて経済的に恵《めぐ》まれた近江商人宅に滞在《たいざい》した文人や画家などは多く、近江商人の一部は、文化芸術のパトロンとして、経済的支援《しえん》を行いました。

近江商人宅に滞在《たいざい》した文人や画家には、塩川文麟、富岡鉄斎、竹内栖鳳、北大路魯山人らがいます。塩川文麟は、文化《ぶんか》五年（一八〇八）、京都に生まれ、四条派《しじょうは》の岡本豊彦《おかもととよひこ》に師事します。文麟は、山水・人物・花鳥画を得意とし、「琵琶湖《びわこ》八景図」も描《えが》き、幕末には平安四名家の一人と称《しょう》されました。近代文人画の巨匠《きょしょう》である富岡鉄斎は、天保《てんぽう》七年（一八三六）に京都の法衣《ほうえ》商の家に生まれ、各地をまわって歩きながら生涯《しょうがい》二万点を超《こ》える作品をのこしています。その画法には大津絵《おおつえ》の技法も織りこまれているといわれています。竹内栖鳳は、元治《げんじ》元年（一八六四）の京都生まれで、長い間、長浜《ながはま》に滞在しています。栖鳳は、京都伝統の写生画法を身につけ、数々の展覧会で受賞を重ねた、近代京都画壇の総帥《そうすい》として重要な位置を占《し》めています。竹内栖鳳に師事、「湖畔残春《こはんざんしゅん》」を描いた池田遥邨《いけだようそん》は、明治《めいじ》二八年（一八九五）の倉敷《くらしき》市（岡山《おかやま》県）生まれですが、「湖畔残春」の絵は彦根《ひこね》城堀端《ほりばた》の農家にこもって製作したといわれています。また、長浜で紙問屋を営んでいた河路豊吉《かわじとよきち》は、美食家として有名な北大路魯山人の無名時代、その篆刻《てんこく》の才能を見出し、安藤《あんどう》家や自宅に食客《しょっかく》として招き、篆刻《てんこく》看板や書などを製作するのを支援しています。安藤《あんどう》家小蘭亭《しょうらんてい》の天井画や襖絵《ふすまえ》は、当時描《えが》かれたものです。

一方、商家に生まれた近江《おうみ》出身の画家では、野村文挙《のむらぶんきょ》、山元春挙《やまもとしゅんきょ》、洋画家の野口謙蔵《のぐちけんぞう》などがあげられます。野村文挙は、安政《あんせい》元年（一八五四）、五個荘《ごかしょう》町出身の近江商人野村宇兵衛《うへえ》の長男として京都《きょうと》に生まれ、十四歳で浮世絵師梅川東挙《うめかわとうきょ》に学び、のち塩川文麟《しおかわぶんりん》に師事、博覧会で受賞を重ねます。明治《めいじ》二二年（一八八九）から学習院《がくしゅういん》の絵画教授となり、同四一年には文展審査員《しんさいん》となりました。文挙の画は円山四条派《まるやましじょうは》の写生画に近代的描法《びょうほう》を加えており、近代的風景画の先駆《さきが》けとして高い評価を得ています。

山元春挙は、明治四年（一八七一）、大津《おおつ》市に生まれ、野村文挙やその師である森寛斎《もりかんさい》に師事して円山派を学び、特に雄大な風景画に多くの秀作《しゅうさく》をのこしています。大津市膳所《ぜぜ》の琵琶湖《びわこ》岸に建つ「蘆花浅水荘《ろかせんすいそう》」（国指定重要文化財）は春挙の別荘庭園でした。野口謙蔵は、蒲生《がもう》綺田《かばた》出身

野口謙蔵の作品「霜の朝」

の洋画家です。明治三四年（一九〇一）、代々酒造業を営む家の次男として生まれます。小学校のころから絵の才能を発揮し、東京美術学校西洋画科に進み、卒業と同時に郷里に帰り、帝展《ていてん》で特選を重ねます。昭和九年（一九三四）には東光会を結成し、創立会員として製作のかたわら後進指導にあたりますが、昭和一九年に四十三歳の若さでその生涯《しょうがい》を閉じています。近江八幡《はちまん》の商家に生まれた茨木杉風《いばらきさんぷう》も、墨画《ぼくが》による軽妙《けいみょう》な風景・風俗画《ふうぞくが》に独自の個性を発揮しています。五個荘《ごかしょう》商人の塚本定右衛門《つかもとさだえもん》家に奉公《ほうこう》した邨松雲外《むらまつうんがい》も、主人にその画才を認められて画人として大成しています。

文芸作家では、明治《めいじ》三五年（一九〇二）、五個荘の近江《おうみ》商人外村吉太郎《とのむらきちたろう》の三男として生まれた外村繁《しげる》があげられます。繁は、東京帝国《とうきょうていこく》大学の在学中に梶井基次郎《かじいもとじろう》・中谷孝雄《なかたにたかお》らと同人雑誌『青空』を創刊します。昭和八年（一九三三）には、東京阿佐ヶ谷《あさがや》に住まいを移し、井伏鱒二《いぶせますじ》や太《だ》宰治《ざいおさむ》ら文士仲間とともに精力的な作家活動を行います。とくに『筏《いかだ》』三部作は評価が高く、野間《のま》文芸賞を受賞しています。そのほか、文人・画家ではありませんが、近江商人のなかには、彦根《ひこね》の呉服《ごふく》・古着商である絹屋半兵衛《きぬやはんべえ》のように、いまは幻《まぼろし》の焼物となった湖東焼《ことうやき》の開祖になった者もいます。

社会貢献

Q1

「陰徳善事《いんとくぜんじ》」とは、どのようなことですか？

陰徳善事《いんとくぜんじ》とは、近江《おうみ》商人特有の経営理念のひとつです。なにかの見返りを求めることなく、御仏《みほとけ》の心のように無心で人のためになる善《よ》いことを行うことです。

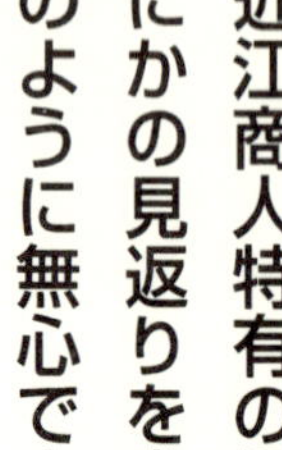

「陰徳」という言葉は、近江商人の家訓や店則などに多く出てきます。

例えば、八幡《はちまん》商人の伴伝兵衛《ばんでんべえ》家の一族で、国学者として知られる伴蒿蹊《こうけい》が著した『主従心得草《しゅじゅうこころえぐさ》』には、「陰徳とは目にみえぬかげの間にて人のためになるよう……」、また八幡商人の藤原忠兵衛《ふじわらちゅうべえ》や野洲《やす》出身で住友《すみとも》の総理事となる広瀬宰平《ひろせさいへい》の座右の銘《めい》は、「金を積んで子孫に遺《のこ》すとも、子孫いまだよく守るにあたわず。書を積みて子孫に遺すとも、子孫いまだよく読むにあたわず、陰徳を冥々《めいめい》の中に積みて子孫長久の計となすにしかず」です。

「陰徳善事」とは、先祖や親の代に世間に対して善いことを行っておけば、その子孫の代にはそれ以上の善いことになってもどってくるといった、なにかの見返りを求める功利的思考を一切排除《はいじょ》しています。奉仕《ほうし》を行うことについては、ヨーロッパにも「ノブレス・オブリージュ」①という理念があります。これは文字通り奉仕を「勝者の義務」、「貴族の義務」、つまり、自らの意思というよりも、神の意思による義務としてとらえています。これに対して、近江商

お金は
社会のために使って
はじめて生きるんや！
橋の建設
常夜灯
学校など
近江商人の陰徳善事

①フランス語の noblesse oblige。財産、権力、社会的地位にある者は、社会的責任がつきまとうことを意味する。

人が実践《じっせん》した「陰徳善事《いんとくぜんじ》」は、御仏《みほとけ》の心のように無心で善《よ》いことを行うことをいいます。豪商《ごうしょう》などの成功者の「義務」としてではなく、奉仕することそのものを喜びとする、御仏の心に限りなく近づく行為として徳（善）を積んだのです。

日野《ひの》の豪商中井源左衛門《なかいげんざえもん》は、その書きのこした『金持商人一枚起請文《きしょうもん》』のなかで、「……二代三代もつづいて善人の生まれ出る也。それを祈候には、陰徳善事をなさんより全《まったく》別儀候はず……（二代、三代とつづいて善人が生まれる必要がある。これを祈り願うには、人に隠れた良い行いをするほかに方法はない）」と諭《さと》しています。神や仏に祈《いの》るという行為は、自分の能力限界を意識し、神仏という絶対者の決定にしたがう気持ちで祈るということであり、それが真の祈りなのです。そのために、近江《おうみ》商人は、「陰徳」のための「善事（寄付や慈善《じぜん》など）」は失費ではなく、始末とも矛盾《むじゅん》しない、始末とケチとの違《ちが》いはそこにあると説いてい

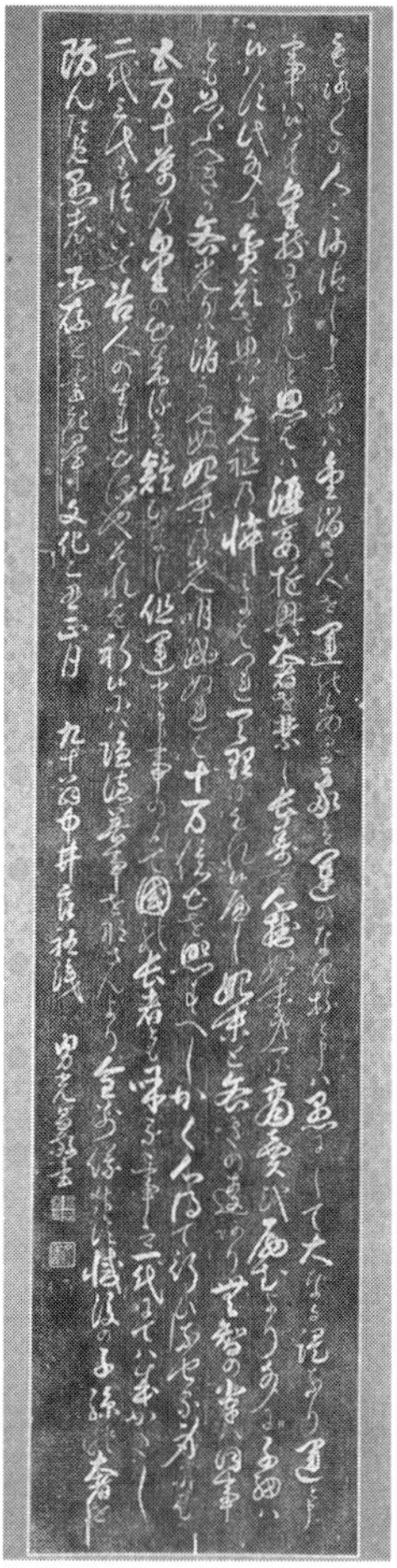
『金持商人一枚起請文』
（近江日野商人館蔵）

るのです。そのため、「陰徳善事」は近江商人の経営理念の本質とされています。近江商人の多くが熱心な仏教徒であったことを考え合わせれば、このことがよく理解できると思います。

近江商人の研究者である小倉榮一郎《おぐらえいいちろう》は、その著書『近江商人の理念』（サンライズ出版）のなかで、この「陰徳」という言葉について、「近江特有の意味があって、それは古典からの引用などで理解できるものではない」と述べるとともに、「それでも、陰徳の精神は近江商人の間では実在したし、今日でも変わっていないと思う」と語っているのです。

その結果、江戸《えど》時代に活躍《かつやく》した近江商人の多くは、現代でいう社会貢《こう》献《けん》の一環《いっかん》として、村落集団の中核《ちゅうかく》とされた各地の神社仏閣の造営や、治《ち》山治水《さんちすい》、学校教育、常夜灯《じょうやとう》の建設、貧しい人々の救済などのために巨額《きょがく》の寄付をしました。たとえば、文化《ぶんか》一二年（一八一五）に、日野《ひの》の豪商《ごうしょう》中井《なかい》家の分家である中井正治右衛門《しょうじえもん》は、幕府に三千両を寄付し、瀬田《せた》の唐橋《からはし》の架《か》け替《か》え工事を行っています。この「陰徳善事《いんとくぜんじ》」の精神は、明治《めいじ》以降も引き継《つ》がれ、昭和《しょうわ》一二年（一九三七）には、豊郷《とよさと》出身で伊藤忠《いとうちゅう》商事の前身にあたる伊藤忠兵衛《いとうちゅうべえ》商店専務の古川鉄治郎《ふるかわてつじろう》が、メンソレータムで知られる近江兄弟社《おうみきょうだいしゃ》の創業者であるメレル・ヴォーリズに設計を依頼《いらい》し、東洋一の小学校とよばれ、当時としてはめずらしい鉄筋コンクリートで充実した設備を整えた豊郷小学校を建設し、敷地《しきち》とともに寄贈《きぞう》しました。

社会貢献

Q2

「お助け普請《ぶしん》」とはどのようなことで、どんなときに行われるのですか？

お助け普請《ぶしん》とは、地域の人々の雇用《こよう》創出事業として、豪商《ごうしょう》や豪農《ごうのう》とよばれた人たちが自分の屋敷《やしき》や土蔵などを建てたことをいいます。飢《き》饉《きん》や不況《ふきょう》により地域の人々が仕事がなく生活に困っているときに行ったものです。

豊郷《とよさと》町といえば、近江兄弟社《おうみきょうだいしゃ》の創業者で大阪心斎橋《おおさかしんさいばし》の大丸《だいまる》や東京駿河《とうきょうするが》台《だい》の山《やま》の上《うえ》ホテルなど数々の名建築をのこしたメレル・ヴォーリズの設計による豊郷小学校があることで有名ですが、伊藤忠《いとうちゅう》商事や丸紅《まるべに》の創業者である伊藤忠兵衛《いとうちゅうべえ》ほか、多くの近江商人が生まれています。この豊郷町の旧中山道《なかせんどう》沿いを歩いていると「又十《またじゅう》屋敷」と書かれた大きな看板が目につきます。現在、近江商人関係資料館「豊《ゆたか》会館」となっている屋敷ですが、もともとは北海道《ほっかいどう》の開拓《かいたく》で富を築き、あけぼの印の「サケ缶《かん》」

又十屋敷　現在豊会館として利用されている建物はお助け普請で築造された。

誕生のきっかけをつくった豪商藤野《ふじの》家（又十）がお助け普請で建築した屋敷として知られています。

お助け普請とは、飢饉や不況によって仕事がなくなり生活に困っている地域住民の雇用を生み出すための救済策、すなわち、地域活性化のために豪商や豪農がその屋敷や土蔵などを建てることをいいます。又十屋敷（豊会館）は、天保《てんぽう》飢饉に見舞われていた天保七年（一八三六）、二代目藤野四郎兵衛《ふじのしろべえ》がお助け普請《ぶしん》によって建築したものです。藤野家が旧日枝《ひえ》村を去ったのちは村役場として用いられていましたが、その後、地元の有識者らによって「明治百年記念史料館」として保存され、現在は民芸展示館を併設《へいせつ》した近江《おうみ》商人関係資料館として活用されています。「又十」の商号で北海道の漁場開発で豪商《ごうしょう》の基礎《きそ》を築いた藤野家は、やがて廻船《かいせん》事業にも進出しますが、館の収蔵品の一つ、松前屏風《まつまえびょうぶ》には、又十の帆柱《ほばしら》を立てた北前船が行き交う様子が描《えが》かれています。館近くの千樹寺《せんじゅ》観音堂もまた本屋敷《ほんやしき》と同じようにお助け普請により建立されたものです。

日野大窪《ひのおおくぼ》の「近江日野商人館」も近江商人関係資料館のひとつですが、もともと本館は静岡《しずおか》県御殿場《ごてんば》で醸造業を中心に活躍《かつやく》した日野商人である山中兵右衛門《やまなかひょうえもん》の本宅でした。昭和《しょうわ》五六年（一九八一）に日野町に寄贈《きぞう》されたのを契機《けいき》に、日野商人と彼らの取扱商品であった日野椀《わん》や合薬をは

日野商人館の内部造作　日野商人は建物の表側よりも内部の意匠に腐心した。(辻村耕司・撮影)

じめ、関東で活躍した日野商人の資料を展示紹介《しょうかい》する資料館として開館しました。本館も昭和一一年(一九三六)にお助け普請として建築されましたが、「八幡《はちまん》表《おもて》に日野裏《うら》」の言葉どおり、日野商人屋敷の表側は、富を誇示《こじ》しない造りとなっていて、厳格さとつつましさを持った生活態度をよく表しています。

このような公共投資の前倒しと似通ったものが感じられ

るお助け普請《ぶしん》は、近江《おうみ》商人だけが行っていたわけではありません。天明《てんめい》大飢饉《だいききん》のお助け普請としては、島根《しまね》県出雲《いずも》で酒醸造《じょうぞう》と金融業《きんゆうぎょう》を営んでいた並河《なみかわ》家住宅、天保《てんぽう》飢饉のお助け普請としては埼玉《さいたま》県桶川《おけがわ》市の島村《しまむら》家住宅土蔵や茨城《いばらき》県真壁《まかべ》町の土谷《つちや》家住宅土蔵、さらに明治維新《めいじいしん》以降も大正《たいしょう》時代のお助け普請として、新潟《にいがた》県田上《たがみ》町の豪農《ごうのう》原田巻《はらたまき》家本宅の利恒庵《りこうあん》などが知られています。

全国各地に出店していた近江《おうみ》商人は、本宅の新築や改築、あるいは修理などを凶作《きょうさく》や不況期《ふきょうき》に行うことが多くありました。天候や自然災害などによって景況《けいきょう》が大きく左右された時代にあっても、近江商人はいつも郷土を大切に考えていた証ともいえます。そのためにいまもその功績が郷土の人々の間で語りつがれているのです。

社会貢献

Q3

近江商人がかかわった公共事業にはどんなものがありますか？

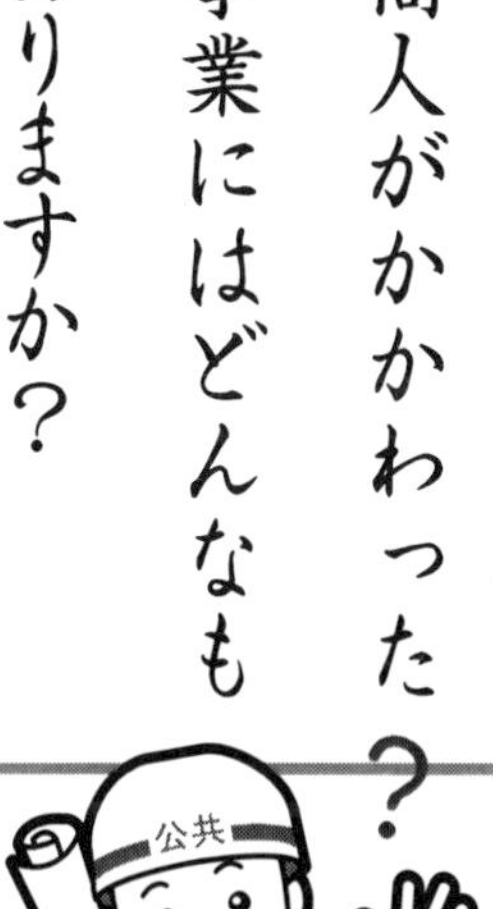

日野《ひの》の近江《おうみ》商人である中井正治右衛門《なかいしょうじえもん》による瀬田《せた》の唐橋《からはし》の架《か》け替《か》え修理事業や、「治水《ちすい》・治山《ちさん》の父」とよばれた五個荘《ごかしょう》の近江商人である塚本《つかもと》定次《さだじ》による琵琶湖《びわこ》周辺の植林事業などが代表的なものとしてよく知られています。

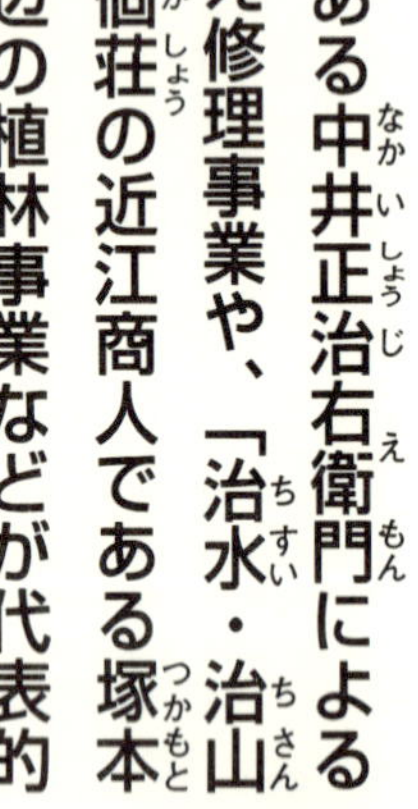

近江商人は、商業活動で取得した利益を地域社会へ還元《かんげん》し、「積善（善《よ》いことを長年続けること）」を行い、「陰徳《いんとく》」を積むことを豪商《ごうしょう》の義務ではなく当然の役目と心得ていました。日野町に今ものこる十六基の見事な曳山《ひきやま》の寄贈《きぞう》をはじめ、各種の基金、不作時の年貢《ねんぐ》肩代わり、滋賀《しが》県内外の社寺・道路・橋・常夜灯の普請《ふしん》など公共事業投資に惜《お》しみなく私財を投じています。

中井源左衛門良祐《なかいげんざえもんりょうゆう》の子供のなかで最も聡明《そうめい》といわれる正治右衛門の寄

付行為《こうい》には枚挙《まいきょ》にいとまがなく、その数は実に七十九件、当時の金で八千六百七十八両にのぼったといわれています。彼《かれ》のこうした社会貢献《こうけん》の精神は、文化《ぶんか》九年（一八一二）に始まる瀬田の唐橋の架け替え修理事業にも表れています。彼は三千両の寄付を幕府に願いでますが、千両を工事費用とし、残り二千両は利殖《りしょく》し、その利子の積み立てを含《ふく》めて、再び唐橋が老朽化《ろうきゅうか》したときに、架け替えが永劫《えいごう》に行い続けられるようにとの配慮《はいりょ》によるものでした。彼はこの事業の現場監督《かんとく》に自ら当たり、資材の材質の吟味《ぎんみ》まで行っています。また、大津《おおつ》と京の間にあった交通の難所には、車輪の通路となる花崗岩《かこうがん》を敷《し》く形の舗装《ほそう》に協力したことも彼の大きな業績として知られています。正治右衛門は天保《てんぽう》九年（一八三八）に亡くなりますが、没後《ぼつご》八十余年を過ぎた大正《たいしょう》の世になって従五位《じゅごい》が贈《おく》られていることは、近代日本が彼の精神を高く評価したからにほかなりません。

また、勝海舟《かつかいしゅう》がその回想録『氷川清話《ひかわせいわ》』の中で、桜並木や山林整備の話を絶賛した五個荘《ごかしょう》商人の塚本定次《つかもとさだじ》がいます。定次（現㈱ツカモトコーポレーションの創祖・定右衛門《さだえもん》の長男）は、父定右衛門の教えを守り堅実《けんじつ》経営に勤め、事業を発展させるとともに、地域社会のために多くの事業を行い、弟正次《しょうじ》とともに「治水《ちすい》・治山《ちさん》の父」とよばれています。塚本家には、明治《めいじ》二〇年（一八八七）に制定された『経　塚本家心得』がのこされています。「我家の財産は天に委託《いたく》すべし」「毎年二、三千円已《い》上《じょう》の金は喜捨（喜んでお寺に寄進したり貧しい人を助けること）之《の》心を以て出《いだ》すべし、但救恤《ただしきゅうじゅつ》（貧しい人や被災者《ひさいしゃ》などを救うこと）・教育・勧業（農・工業などの産業を勧めること）・道路・待遇恵贈《たいぐうけいぞう》」とあります。

塚本家が、水害被害を防ぐ治山事業に力を注いだのは、江戸《えど》時代の後期以降、灯火用の松根《しょうこん》（マツの根）の乱掘《らんくつ》によって琵琶湖《びわこ》周辺には禿山《はげやま》が多く、降雨のたびに山肌《やまはだ》が洗われ、いったん豪雨《ごうう》になると、たびたび堤

塚本定次（円内）と山梨県にある塚本山　山梨県は大切な森林資源として保護している。
（写真提供：近江商人博物館／山梨県森林環境部県有林課）

防が決壊《けっかい》し、人々の生活を重大な危機にさらしていたことを憂《うれ》えたものであり、治水のためには治山が大事と確信したからです。この治山事業は、滋賀《しが》県下では栗太《くりた》・神崎《かんざき》・東浅井《ひがしあざい》・高島《たかしま》各郡に上り、県外では「塚本山《つかもと》」で知られる山梨《やまなし》県などの植林事業にも寄付しています。

勝海舟《かつかいしゅう》は、このような定次《さだじ》の印象を「数万の財産を持っておりながら自らの身に奉《ほう》ずることは極めて薄《うす》く」と称賛《しょうさん》するとともに、一見ただの田舎《いなか》親父にしか見えない定次が、植林事業などへの多額寄付について、「天下の公益でさえあったら、たとえ自分が一生の内に見ることができないといっても、その辺は少しもかまいません。私は今から五十年先の仕事をしておくつもりです」と語ったことを聴《き》き、「なかなか大きな考えではないか。かような人が今日の世の中に幾人《いくにん》あろうか」と深く感心したと伝えられています。

社会貢献

Q4

環境《かんきょう》問題に取り組んだ近江《おうみ》商人はいましたか？

銅精錬《せいれん》の燃料として多くの木が伐採《ばっさい》され、鉱毒水と煙害《えんがい》問題を抱《かか》えていた愛媛《えひめ》県の別《べっ》子《し》銅山の植林事業に取り組んだ伊庭貞剛《いばていごう》がよく知られています。

明治《めいじ》初期、愛媛県新居浜《にいはま》の別子銅山は、維新《いしん》後の技術革新によって生産量が大幅《おおはば》に増大し、わが国を代表する生産量を誇《ほこ》っていましたが、それにともない燃料として多くの木材が伐採されて禿山化《はげやまか》するとともに、銅の精錬工程で発生する亜硫酸《ありゅうさん》ガスによる森林や農作物に対する被害《ひがい》が、深刻な問題となっていました。この問題解決に取り組んだのが伊庭貞剛です。

貞剛は、弘化《こうか》四年（一八四七）、近江国西宿《おうみのくににしじゅく》村（近江八幡《はちまん》市）で生まれますが、叔父《おじ》で別子銅山を経

伊庭貞剛

営していた住友《すみとも》の初代総理事である広瀬《ひろせ》宰平《さいへい》に誘《さそ》われて、住友へ入社します。貞剛は、次第に周囲の人望を集めるとともに次々と事業の実績をあげていきます。そのなかで、最も心血を注いだのが銅山の鉱毒水と煙害問題でした。明治二七年（一八九四）に別子銅山支配人として新居浜に単身赴任《ふにん》した貞剛は、荒れ果てた別子の山々を前に、「この山を荒れ果てた状態で放置するのは天下の大道《だいどう》に背《そむ》く」

稼動していたころの別子銅山（住友史料館提供）

植林事業後の別子銅山（住友史料館提供）

として、「昔の青々とした姿にして、これを大自然に返さなければならない」と決意し、銅精錬所《せいれんじょ》を新居浜沖《にいはまおき》約二十キロの四阪島《しさかじま》へ移転すると同時に、別子《べっし》の山々へ空前の植林事業を展開しました。明治《めいじ》三二年（一八九九）の植林面積は二百八町歩《ぶ》に達し、六年間の植栽《しょくさい》は二百二十万本に及びました。

この貞剛《ていごう》が始めた植林は第《だい》二次《じ》世《せ》界大戦《かいたいせん》後まで続けられ、およそ五千万本が植えられたといわれており、現在の緑豊かな山々を取りもどすことに成功したのです。貞剛は、のちに「わしの本当の事業といってよいのはこれ（植林事業）である。わしはこれでよいのだ」と語っています。

その後、貞剛は、わが国で初めて行われた総選挙で、郷里滋賀《しが》県選出の衆議院《しゅうぎいん》議員となり、また、広瀬宰平《ひろせさいへい》の後を継《つ》いで住友《すみとも》本社の二代目総理事となります。しかし、五十七歳の若さで「事業の進歩発展に最も害するのは、青年の過失ではなく、老人の跋扈《ばっこ》（のさばりはびこること）

活機園　明治 37 年（1904）に伊庭貞剛の邸宅として建てられた。現在は住友活機園（伊庭貞剛記念館）として国指定重要文化財となっている。

である」という決断を示して引退し、大津《おおつ》石山《いしやま》の別荘《べっそう》「活《かっ》機園《きえん》」（重要文化財）で、数え年八十歳で亡くなるまで過ごしました。その間、禅《ぜん》を愛し、静かな余生を送る貞剛の人柄《ひとがら》を慕《した》い、この地を訪れる人は絶えなかったといわれています。また、貞剛が亡くなった後も彼《かれ》に縁《えん》のある人々のなかには、列車で石山を通過するとき、活機園の方角に向けて手を合わせる人もいたと伝えられています。この「活機園《かっきえん》」の「活機」とは、禅《ぜん》宗の思想で「世俗《せぞく》を離れながらも人情の機微《きび》に通ずる」という意味があります。

活機園の建物は今も保存されていますが、近江八幡市西宿町《おうみはちまんしにしじゅくちょう》の貞剛《ていごう》の生家は取り壊《こわ》されています。しかし、伊庭《いば》家の墓所は同じ西宿町の新幹線と国道8号との間の田んぼの真ん中のこんもりとした森の中にあり、ここに貞剛とその妻梅子《うめこ》の墓もあります。

いずれにしても、当時の環境《かんきょう》アセスメントや技術の未発達という要因はありますが、貞剛のすごさは、地域住民の立場に立って誠心誠意事にあたり、公害の除去《じょきょ》に三十五年もかけていることです。貞剛は、事業はひとり住友だけが利を得るにとどまらず、国に利があり、社会にも利益をもたらすことを目指しました。そのために、今日においても一企業《きぎょう》を超《こ》えた存在として評価されているのです。貞剛には江戸《えど》時代から続く近江商人たちの経営理念が受け継《つ》がれていたといえます。

経営システム

Q1

近江商人が取り組んだ産業にはどんなものがありますか?

近江《おうみ》商人の主力商品であった近江麻布《まふ》を地場産業として成長させたほか、日野《ひの》の製薬業の基《き》礎《そ》をつくりました。また、酒や醤油《しょうゆ》などの醸造《じょうぞう》業《ぎょう》やカニ・サケの缶詰《かんづめ》加工産業をおこしました。

近江麻布は、湖東《ことう》地域一帯で織られていた麻《あさ》織物で、近江高宮布《たかみやぬの》や近江上布《じょうふ》ともよばれ、江戸《えど》時代には近江商人の主力商品として全国へと流通しました。それは、天明《てんめい》年間（一七八一～一七八九）、彦根藩《ひこねはん》の国策振興《しんこう》と武家用の麻袴地《あさはかまじ》を確保するために近江麻布改役所《あらためやくしょ》が設けられ、その統制と保護奨励《しょうれい》が図られたことによるものです。しかし、五個荘《ごかしょう》の近江商人中村治兵衛《なかむらじへえ》が、麻布生産を農作業の暇《ひま》な時期に副業の地場産業として定着させた功績も大きかったのです。そして、当時の最大の消費地であった江戸を中心に関東で販売《はんばい》し、さらに縮《ちぢみ》や絣《かすり》の製法を開発、近江

麻布というブランド商品にまで高めたのです。明治維新《めいじいしん》以降も、滋賀県《しがけん》内では、紡績《ぼうせき》・織布《しょくふ》機械を備えた近江麻糸紡績《おうみあさいとぼうせき》会社が設立され、それ以降、多くの麻布関係の会社の設立が続き、近江麻布の生産量はピークに達します。大正時代に入ると生活の洋風化や、その後の化学繊維《せんい》の進出などの影響《えいきょう》を受けて次第に生産量は減少しますが、今も麻縮絣《あさちぢみかすり》の伝統技法は守られているのです。

木地屋発祥《きじやはっしょう》の地を控《ひか》えた日野商人の持下り商品の主役は、木の椀《わん》（日野椀）でしたが、日野商人でのち名医となる正野玄三《しょうのげんぞう》が諸病に特効のある「神農感応丸《しんのうかんのうがん》」を開発し、正徳《しょうとく》四年（一七一四）、本格的に発売するようになると、日野では製薬業が盛んになり、行商には荷がかさばり低価格であった日野椀に代わって、携帯《けいたい》に便利な合薬《ごうやく》が重要な持下り品となります。この「神農感応丸」は、今も正野玄三の流れをくむ日野薬品《ひのやくひん》工業で「正野萬病感応丸《しょうのまんびょうかんのうがん》」と改名され製造されています。また、「ふとんの西川《にしかわ》」で知られる八幡《はちまん》商人である西川家（山形屋《やまがたや》）は、奈良蚊帳《ならかや》や近江表《おうみおもて》（畳表《たたみおもて》）を持下り荷としていました。アイディアマンの二代目甚五郎《じんごろう》が、創意工夫を凝《こ》らして考案した見た目にも美しい萌黄《もえぎ》色の蚊帳は、江戸《えど》市中で近江蚊帳の代名詞ともなるほどの人気を博しました。明治《めいじ》以降、彦根藩《ひこねはん》の保護により長浜《ながはま》蚊帳が勢力を持ち、越前《えちぜん》（福井《ふくい》県）でもつくられるようになると、近江八幡《おうみはちまん》での近江蚊帳生産は衰退《すいたい》に向かいます。しかし、十一代目甚五郎は製織機五十台を有する製織工場を新設し製品の改良に努め、さらに昭和《しょうわ》に入ると、十二代目甚五郎が能登川《のとがわ》に蚊帳の一貫製造工場を開設、全国の支店を通じて販売《はんばい》するようになり、今日の寝具《しんぐ》トップメーカー「西川産業《にしかわさんぎょう》」の基礎《きそ》を築いていくのです。

一方、商売に出かけた土地で、新しい産業をおこした近江商人たちもいます。その一例をあげると、全国的に酒、醤油《しょうゆ》、味噌《みそ》の醸造業《じょうぞうぎょう》に進出したことです。とくに北関東や甲信（山梨《やまなし》県・長野《ながの》県）地方では、現在も日野《ひの》商人の流れをくむ山中兵右衛門《やまなかひょうえもん》、高井作右衛門《たかいさくえもん》、矢尾喜兵衛《やおきへえ》などの企業《きぎょう》が存続し繁栄《はんえい》しています。明治に入ると、開拓者《かいたくしゃ》精神で北海道《ほっかいどう》へ乗りこんだ近江商人たちが、北海道の海の幸を缶詰《かんづめ》加工し、海外に販売《はんばい》するようになります。今でこそ冬の味覚「カニ」は、冷凍《れいとう》技術の進歩によって全国各地で食べられるようになりましたが、冷凍技術がなかった江戸時代は、漁師にとってやっかいな海産物でしかなく、安価で取引されていました。事情は明治初期でも同じでしたが、そこに着目した八幡商人・

藤野辰次郎のサケ缶のラベル

西川貞二郎《ていじろう》は、カニ缶詰《かんづめ》「中一《なかいち》のカニ缶」の商品化に成功し、日本企業《きぎょう》で初めて欧米《おうべい》に輸出し大ヒット商品を生みだします。さらに、北海道《ほっかいどう》の場所請負《うけおい》で富を築いた藤野四郎兵衛《ふじのしろべえ》家の二代四郎兵衛の子である辰次郎《たつじろう》も、根室《ねむろ》の官営缶詰工場の払《はら》い下げを受け、サケの缶詰事業を開業し、明治《めいじ》二四年（一八九一）に五稜北辰《ごりょうほくしん》の「星印《ほしじるし》」の商標を譲《ゆず》りあたえられると、その信用は一段と高まります。そのあとも設備の更新《こうしん》や生産システムの改良などもあって、北海道缶詰業界の覇者《はしゃ》となるのです。この缶詰工場の事業は、辰次郎が亡くなると継承《けいしょう》できなくなりますが、日魯《にちろ》漁業（現マルハニチロ食品）にゆずり渡《わた》され、今も「あけぼの印《じるし》缶詰」として生きつづけています。

経営システム

Q2

「諸国産物廻《まわ》し」とはどのようなことをさすのですか?

諸国産物廻《まわ》しとは、近江《おうみ》の地場商品や上方《かみがた》の産物を関東や東北など全国各地へ、その帰りに関東、東北、北海道《ほっかいどう》の産物である紅花《べにはな》や生糸《きいと》、海産物などを仕入れて上方へ運送販売《はんばい》した商法です。現在の商社活動の原点といえるものです。

「諸国産物廻し」は、井原西鶴《いはらさいかく》が『日本永代蔵《にっぽんえいたいぐら》』で「鋸商《のこぎり》い」とよび、「ノコギリ商法」ともいう近江商人が展開した独創的な商法です。近江商人には、「三里四方釜《かま》の飯を食う所に店を出せ」のことわざが残っていますが、行商に出かけた地域で成功すると、小さくとも出店《でみせ》を開き、その出店を中心にさらに枝店《えだみせ》（支店《してん》）を広げ、情報収集や行商の前進基地として商品の大量輸送と保管場所としました。「日野《ひの》の千両店《せんりょうだな》」はこのようにして生まれた小型の拡張店のことです。近江商人はこれらの出

店や枝店と本宅の間、あるいは支店との間を結んで、地域間の受給と価格差に着目し、それぞれの土地の産物を生産地から消費地へと全国各地に供給してまわったのです。この商法を諸国産物廻し、またはノコギリ商法とよんでいました。

江戸《えど》時代の各藩《かくはん》は、藩内での自給自足を基本としながらも、自藩の産物を他藩に供給し、他藩の産物を自藩にもたらしていました。これは各藩自らが担当し、このような藩内の需要《じゅよう》と供給のバランスを調整していたのが、在郷行商とよばれる地場商人たちでした。近江商人はこれら地場商人とは異《こと》なり、巧妙《こうみょう》な流通機構、資金調達、経営・人事管理、情報の組織化などによって、全国を舞台《ぶたい》にした大配給網《もう》を築き上げていきました。ここに近江商人が他の商人と区別される大きな理由があります。

この近江商人の諸国産物廻しは、現在の商社機能と同じ機能を果たしており、その商人意識はきわめて近代的なものといえます。

東北から九州まで通算二十を超える店舗《てんぽ》を開いていた日野《ひの》の中井源左衛門《なかいげんざえもん》家の場合、この諸国産物廻《まわ》しにより、近江《おうみ》特産の日野椀《わん》、合薬《ごうやく》、蚊帳《かや》、麻布《まふ》、京仕入れの呉服《ごふく》類や紅猪口《べにちょこ》（紅容器）などの小間物に加え、古着は近江、京都《きょうと》、大坂《おおさか》・堺《さかい》（大阪府《おおさか》）・伊勢《いせ》（三重《みえ》県）、繰綿《くりわた》は、摂津《せっつ》・河内《かわち》（大阪府）、大和《やまと》（奈良《なら》県）、山城《やましろ》・丹波《たんば》（京都府）、尾張《おわり》・三河《みかわ》（愛知《あいち》県）産を買い寄せ、そのほか薬種や油などの物産（持下り荷）を海路によって江戸《えど》などに運び、さらに別の船に積み替え《か》て、江戸古手《ふるて》（古着）などと一緒《いっしょ》に海路、または陸路によって仙台《せんだい》（宮城《みやぎ》県）まで送っています。これら商品は陸前《りくぜん》（宮城県）、陸中《りくちゅう》（岩手県）、磐城《いわき》（福島《ふくしま》県）などの商店へも卸《おろ》されています。

一方、仙台店などで仕入れた生糸、青苧《あおそ》（荒縄《あらなわ》などをつくる材料）、紅花、蝋《ろう》、大豆・小豆、漆《うるし》、蚕種《さんしゅ》（蚕《かいこ》の卵）などの東北から北関東の産物（登せ荷）は、海路や陸路を利用して江戸や大坂の枝店《えだみせ》に送り、丹後《たんご》

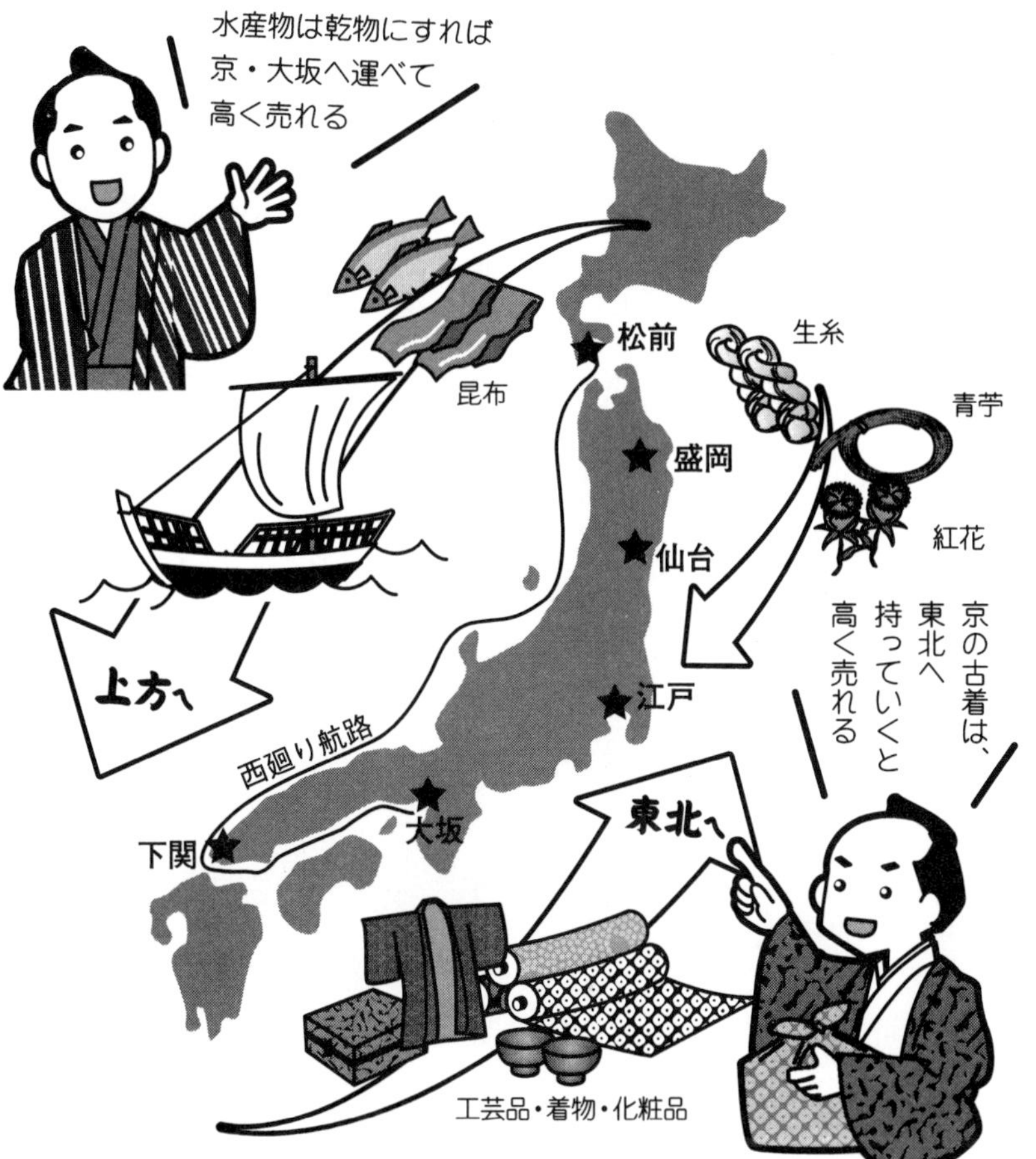
水産物は乾物にすれば
京・大坂へ運べて
高く売れる
昆布
松前
生糸
青苧
紅花
盛岡
仙台
京の古着は、
東北へ
持っていくと
高く売れる
上方へ
江戸
西廻り航路
大坂
下関
東北へ
工芸品・着物・化粧品

諸国産物廻しのしくみ

（京都府北部）などにも卸《おろ》しています。東北と京坂間の海路には、上り下りとも日本海廻《まわ》りの北前船を利用しています。

お正月料理に欠かせないニシンや数の子、新巻などの水産加工品は、北海道《ほっかいどう》の漁場を開発した西川伝右衛門《にしかわでんえもん》や岡田弥三右衛門《おかだやそうえもん》らの近江《おうみ》商人たちが自前の北前船やチャーター船を組織して輸送していました。現在でいう産地直送の商品ルートを開発していたのです。近江商人たちは、この諸国産物廻しによって、仕入れと販売《はんばい》を無駄《むだ》なく組み合わせ、輸送コストを合理化、地方の商品仕入れによる地場産業の育成にも貢献《こうけん》していたのです。また、商品輸送のみならず、上方《かみがた》（京都《きょうと》・大坂《おおさか》地方）の文化を各地方に伝える役割をになっていたのです。このように、近江商人たちは各地住民の欲求を満足させ、その生活を豊かにしていたので出先地の人々からも受け入れられたのです。

経営システム

Q3

近江商人と「天秤棒《てんびんぼう》」とのかかわりはどのようなものですか?

「近江《おうみ》の千両天秤《てんびん》」という言葉があります。天秤棒一本あれば、行商して千両を稼《かせ》ぎ出すという商魂《しょうこん》のたくましさと、千両稼いでも、行商時代の苦労を忘れず商売に励《はげ》んだ近江商人の地道な活動をいい表しています。

近江商人について少し興味のある方は、映画やビデオで『てんびんの詩《うた》』を観たり、その話を聞かれた方は多いと思います。多くの企業の社員研修で、このビデオが鑑賞されることもあるようです。

『てんびんの詩』の物語は、近江商人の家に生まれた主人公の少年が、小学校を卒業するところからはじまり、父親から卒業の祝いの言葉とともに、鍋《なべ》ぶたの入った包みを贈《おく》られて、「明日から鍋ぶたを売ってこい、売ることができたら、八幡《はちまん》商業学校（近江商人の士官学校といわれていた）に行かせてやる」と命じられ、翌日から鍋を天秤棒にかつぎ売りに出かけていく話からはじまり、鍋のふた一枚を売るための努力を払《はら》いながら、一人前の立派な近江商人として成長していく過程が描《えが》かれています。

映画「てんびんの詩」を解説した書籍の表紙

この『てんびんの詩《うた》』からもわかるとおり、近江《おうみ》商人の商業活動の出発点は行商です。天秤棒で肩にくいこむ荷をかついで日本各地を行商し、やがて一介《いっかい》の小商人から豪《ごう》商《しょう》へと成長していったのです。そこから「近江の千両天秤」ということわざが生まれました。これは天秤棒一本あれば行商をして千両を稼《かせ》ぎ出して富を築くという近江商人の商魂《しょうこん》のたくましさを表すとともに、千両を稼いでも苦労した行商時代の初心を忘れないで商売に励《はげ》むという教訓もこめられているのです。

このように近江商人は歩いて販路《はんろ》を広げるとともに、商品に関する需《じゅ》要《よう》と供給の関係、すなわち地域による価格差などの情報を速やかに入手し、商業活動に取り入れていたのです。このようにして一定の販路を獲《かく》得《とく》し資本を蓄《たくわ》えると、全国各地に出店《でみせ》や枝店《えだみせ》とよばれる支店を積極的に展開しました。そして、江戸《えど》の日本橋《にほんばし》、大坂《おおさか》の本町通《ほんまちどおり》、京都《きょうと》の室町《むろまち》という三都に進出するほどの豪商となり、さらに活躍《かつやく》していきました。

また、近江商人が使用した天秤棒は、一定の長さで統一されたもので

はなく、農家などで使われていたものよりも小《こ》ぶりで短く作られていま
す。これは、行商の道中において、身の危険にさらされたときなど、い
ざというときの防御《ぼうぎょ》用の用心棒《ようじんぼう》としての機能も備えていたからです。今
も残る近江商人屋敷《やしき》を訪ねると、各屋敷には数本の天秤棒が天秤架《か》にか
けられています。近江商人たちは、豪商といわれるまでに成功しても、
商いの初心を忘れないために、日々、小商人時代のシンボルとしての天《てん》

近江商人の使った天秤棒と荷物をその上にのせ天秤棒の両端にかけた台

秤棒《びんぼう》をながめていたのです。

五個荘《ごかしょう》を代表する有名な近江《おうみ》商人に松居久左衛門《まついきゅうざえもん》家があります。「星《ほし》久《きゅう》」の屋号で知られる松居家の商標は、「○」と「＼」で表されています。「＼」は天秤棒、二つの「○」は、朝星と夜星を表しているそうです。

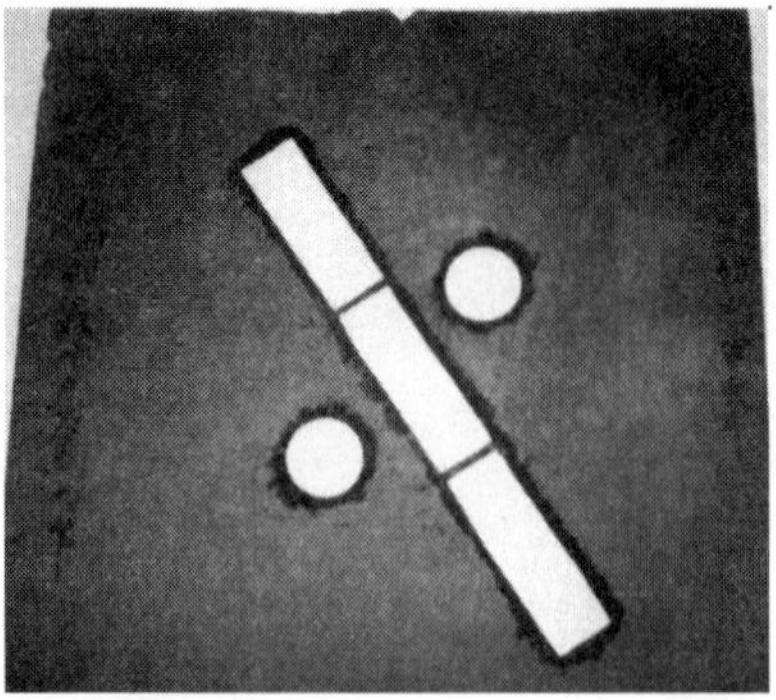
星久の商標

朝早く起きて、星が出ているうちに家を出て、中山道《なかせんどう》などを歩いて星が出るころに目的地に着く、あるいは、朝は星をいただき早々と商売に出かけ、夕べは日暮れて星を仰《あお》ぎながら家路《いえじ》につくという意味があるそうです。星を天秤棒と同様にともがらとみなし、勤勉で懸命《けんめい》に額に汗《あせ》して働くことの大切さを教えているのです。

経営システム

Q4

ネットワークを構築するときには、どのような工夫がありましたか？

街道の宿場ごとに決められた「日野定宿《ひのじょうやど》」や「八幡《はちまん》定宿」という看板をあげた特定の旅籠《はたご》に泊《と》まり、そこを情報ネットワークの基地として、顧客《こきゃく》や地域情報を交換《こうかん》していました。

企業《きぎょう》を経営していく場合は優れた意思決定を行うことが大変重要となります。それは、情報処理の良し悪し、そのスピードと質、タイミングによって可能となります。そのため、近江《おうみ》商人は、お客さまと地域の情報の取り扱いを大切にしました。近江商人は、街道の宿場ごとに決められた「日野定宿」や「八幡定宿」という看板をあげた特定の旅籠（旅館）を示した「定宿帳」を携行《けいこう》して行商し、これらの定宿に泊まりました。

この定宿は一般の旅籠とは異なり、日野や八幡の商人がそれぞれ専用に利用していた宿であり、相宿《あいやど》の仲間商人はもちろんのこと、宿の主人を通じて事前に出先地の顧客《こきゃく》や地域情報を相互《そうご》に交換《こうかん》し、商売の戦略を練《ね》っていたのです。また、定宿は情報の発信・受信基地として重要な役割を果たしていたほか、現金に代えて為替《かわせ》取引もできるという現在の銀行のような機能も備えていたので、商人たちにとって大変便利な場所となっていました。

近江商人といえば、天秤棒《てんびんぼう》をかつぎ、日本全国を行商したイメージが強く、実際に創業当初や出店後も、近隣《きんりん》消費者への小売荷物は天秤棒で行商を行っていました。しかし、「日野の千両店《せんりょうだな》」という言葉がのこっていますが、商売の見込みのある土地

日野定宿の看板

には千両もたまると、出店《でみせ》を開き、出店からさらに枝店《えだみせ》を出して行商の前進基地としていったのです。また、一商人の出店能力にはおのずと限界があるので、同郷の近江《おうみ》商人たちは、たがいの出店や枝店を商品の保管倉庫として利用しあい、今日でいう委託販売《いたくはんばい》や他商店の商品を代わりに販売する代理店方式を採用していました。当時の会計簿に「〇〇預かり」「〇〇預け」、あるいは営業手数料や支払い手数料の記録がみられるのはそうした理由からです。

とくに近江商人の中でも後発の湖東《ことう》商人の間では、この委託販売の形式が盛んにとられていました。近江商人たちは、このような情報ネットワークや販売方式を背景として、諸国産物廻《まわ》し、あるいはノコギリ商法とよばれる今日の商社機能の原点ともいうべき産地往復の合理的な商業活動を展開していたのです。近江商人がこうした商業活動ができたのは、商人同士の信頼《しんらい》がきわめて強く、おたがいに誠意がつらぬかれていたか

定宿を基地とした近江商人のネットワーク

らだといえます。

当時の近江《おうみ》商人の高度な情報分析《ぶんせき》・伝達能力を伝える逸話《いつわ》があります。

江戸《えど》時代末期の激変する政治情勢のなか、開国を推進していた大老《たいろう》井伊直弼《いいなおすけ》（彦根藩主《ひこねはんしゅ》）が、安政《あんせい》七年（一八六〇）三月三日、桜田門外《さくらだもんがい》で水戸浪士《みとろうし》に殺害されるという「桜田門外の変」が起きたときのことです。彦根藩の公金を預かっていた湖東《ことう》の豪商《ごうしょう》小林吟右衛門《こばやしぎんえもん》家（丁吟《ちょうぎん》）の江戸店は、三月七日正午には、この事件の克明《こくめい》な情報と適切な対策について述べた極秘文書を京都《きょうと》の店に届けています。これに対して、江戸の彦根藩邸《はんてい》から早馬で国元にこの事件のことが知らされたのは七日夜半過ぎのことでした。情報メディアが限られていた当時、情報収集は大変に困難だったと思いますが、小林家に限らず近江商人の間では、武家やライバル商人をしのぐ情報収集・分析・伝達能力を備えていたこと、それに基づく意思決定の的確さがその商業活動を支えていたといえます。

経営システム

Q5

近江商人が活躍《かつやく》したおもな地域はどこですか？

近江《おうみ》商人は、現在の総合商社に通じる諸国産物廻《まわ》しという商法をとりいれていたので、北は北海道《ほっかいどう》から南は九州の鹿児島《かごしま》県まで、全国津々《つつ》浦々《うらうら》まで行商に出かけました。いまも足跡《そくせき》を裏づける建築物や逸話《いつわ》が各地にのこっています。

戦国時代の近江商人のなかには、朱印船《しゅいんせん》貿易商として、安南《あんなん》（ベトナム）やシャム（タイ）に渡航《とこう》し、海外貿易に雄飛《ゆうひ》した冒険《ぼうけん》商人もいました。江戸《えど》時代には、鎖国令《さこくれい》によって海外貿易は制限があり、かつて海外貿易商を生み出した近江商人たちは、活躍《かつやく》の場を国内に求め、江戸の日《に》本橋《ほんばし》・大坂《おおさか》の本町通《ほんまちどおり》・京都《きょうと》の室町《むろまち》の三都をはじめ、北は北海道から南は九州の鹿児島まで日本全国を商業活動の場として行商へ出かけていきました。その足跡は、いまもさまざまな建築物や逸話として各地にのこっ

ています。

北海道江差《えさし》町には、江戸時代初期に能登川《のとがわ》から江差へ渡《わた》った近江商人のひとり大橋宇兵衛《おおはしうへえ》が建てた豪邸《ごうてい》が、いまも「旧中村《なかむら》家住宅」（国指定重要文化財）として保存されています。その豪邸からは、北海道でニシン漁や北前船、あるいは廻船《かいせん》問屋などとして活躍した近江商人たちの繁栄《はんえい》ぶりがしのばれます。東北・北陸地方は、近江商人たちが早くから活躍した地域のひとつであり、主要な城下町の商人は近江商人たちで形成されていました。それらの地域では、いまも多くの子孫たちが活躍していますが、富山《とやま》県高岡《たかおか》市横田《よこた》町の有磯正八幡宮《ありそしょうはちまんぐう》には、能登川出身の近江商人で廻船主であった布屋市郎兵衛《ぬのやいちろべえ》らが奉納《ほうのう》した高さ三メートルあまりの御影石《みかげいし》でできた立派な石灯籠《いしどうろう》がのこっています。

「近江・伊勢《いせ》より出たる（江戸商人）は悉《ことごと》く身上を拵《こしら》えて、今近江屋・伊勢屋といへる質・両替《りょうがえ》・酒屋の類多くありて、本店・出店・一家一門連々栄え行く、……」、これは、文化《ぶんか》一三年（一八一六）ころに江戸《えど》で出版された①武陽隠士《ぶよういんし》の『世事見聞録《せじけんぶんろく》』の一部ですが、江戸に進出した近《おう》江《み》商人の繁栄《はんえい》ぶりの一端《いったん》がわかります。また、関東地方では、埼玉《さいたま》県川《かわ》越《ごえ》市に、現存する蔵造りの民家では最も古い時代の建物といわれている「大沢《おおさわ》家住宅」（国指定重要文化財）が保存されています。この建物も、もともとは呉服《ごふく》商の近江商人である近江屋（西村《にしむら》）半右衛門《はんえもん》が建てたものです。

東海地方に進出した近江商人の実力ぶりは、五個荘《ごかしょう》出身の外村与左衛《とのむらよざえ》門《もん》（外与《とのよ》）と御三家筆頭の城下町であった尾張藩《おわりはん》（名古屋《なごや》）との逸話《いつわ》としてのこっています。与左衛門は、尾張へ行商にでかけて成功した代表的な近江商人ですが、尾張藩から理不尽《りふじん》な資金の用立てを申し入れられると、「外与が（尾張藩への）出入り禁止の処分《しょぶん》を受ければ、他の近江商人の出入りも次第になくなり、名古屋の衰微《すいび》につながる」と、はねつ

①江戸時代後期の随筆家。『世事見聞録』は江戸の世相を批判したもの。

川越の大沢家住宅　近江屋の蔵造りの店。寛政４年（1792）に建てられ、明治26年（1893）の川越大火を免れた。

ける気骨をみせたことが知られています。

また、近江八幡《おうみはちまん》出身の西川庄《にしかわしょう》六《ろく》家は、薩摩藩《さつまはん》（鹿児島《かごしま》）島津《しまづ》氏の指定御用商人でした。

以下、江戸時代の近江商人の出店状況《じょうきょう》は、近畿《きんき》地方をはじめ、北海道《ほっかいどう》、東北、関東・甲信、中部・東海、中国、四国、九州の各地方にほぼ全国津々浦々まで販路がのびていることから、行商の綿密さをうかがうことができます。

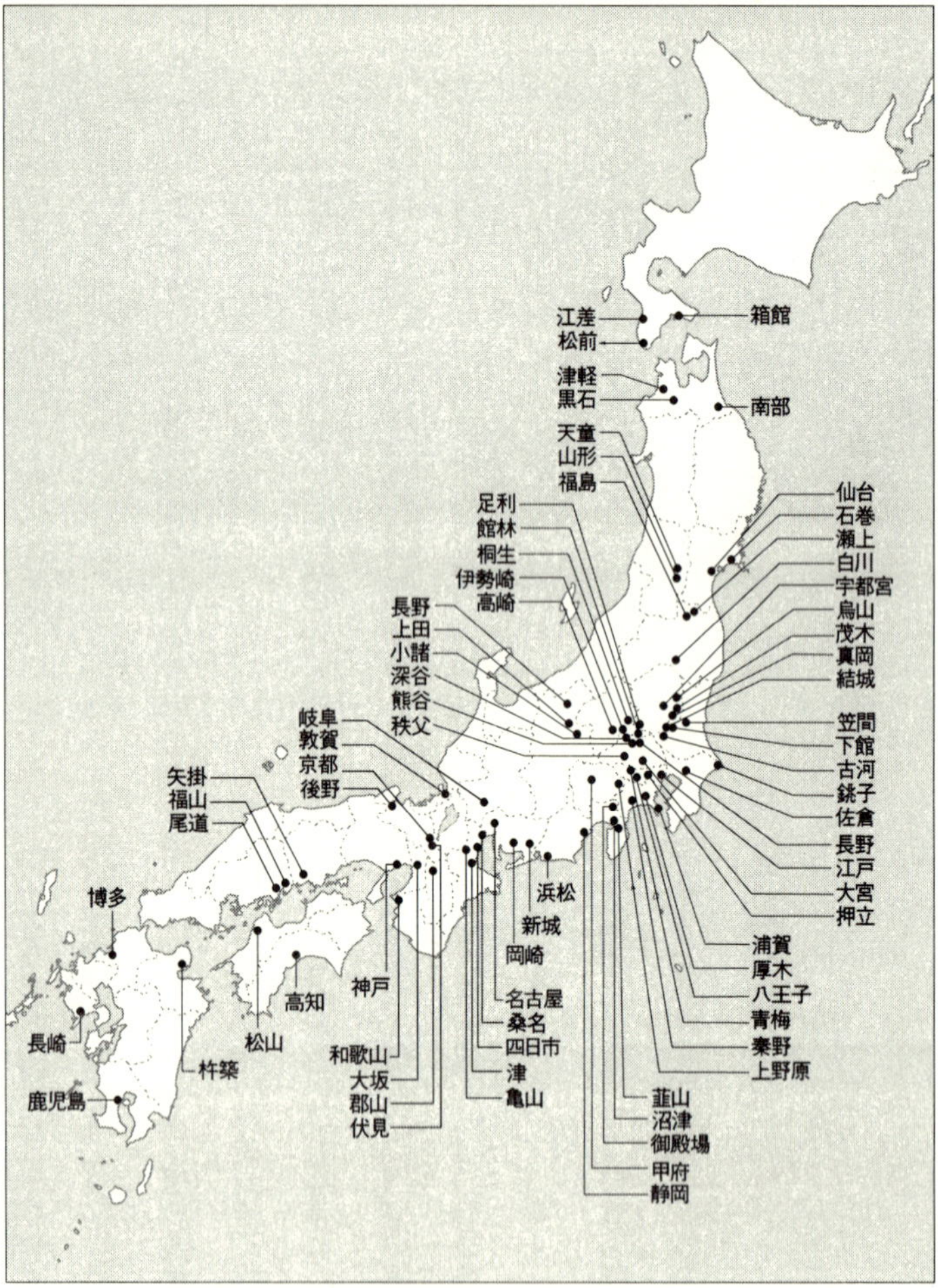

江戸時代に近江商人の出店があった地域

経営システム

Q6

近江商人の経理システムで、先見的なものはありましたか？

現在の会計システムにあたる帳合法《ちょうあいほう》とよばれるものがありました。西洋式複式簿記《ぼき》法《ほう》と基本構造はまったく同じであり、大変に先進的なものです。

商家の帳簿《ちょうぼ》の発達は、経営合理主義の到達点《とうたつてん》を示すものです。近江《おうみ》商人の経営合理主義を具体的に制度化したものが、現在の会計システムにあたる帳合法とよばれるものです。当時の商家の日常帳簿は、大福帳、仕入（買）帳、売帳、金銀出入帳、判取帳《はんとりちょう》、荷物渡帳、注文帳の七種に分けられます。そのなかで最も重要なものが、仕入（買）帳、売帳、金銀出入帳（当座帳ともいう）、およびこの三つの帳簿の要点をひとつにまとめた顧客《こきゃく》の売掛状況《うりかけじょうきょう》をすべて記録した大福帳でした。

近江商人の出店《でみせ》は、本家と遠く離《はな》れていましたが、出店は本家へ決算

本家
店卸目録
出店
店卸目録を
寄せ集めれば
全体の利益がわかるのじゃ
大福帳をベースにして
取引の明細を記録した
店卸下書帳をつくるんだ
店卸目録
大福帳
売帳
仕入帳

出店の決算報告

報告する必要がありました。

そのために、大福帳をベースとして、まず取引の明細を記録した店卸下書帳《たなおろししたがきちょう》をつくり、それを店卸帳にまとめて清書し、同じものを「店卸目録」とよんで、本家への決算報告としていたのです。

日本の商家の帳合法は、寛《かん》文《ぶん》期（一六六一〜一六七三）に、大坂《おおさか》の鴻池《こうのいけ》家で初歩的な複式簿記が開発されていますが、一八世紀の三井《みつい》家や中井《なかい》源左衛門《げんざえもん》家の決算帳簿《ちょうぼ》は、現在も使用されている西洋式簿記《ぼき》と同じ貸借《たいしゃく》対照表と損益《そんえき》計算書を含む複式簿記の構造をもっていました。中井家の帳合法は、近江《おうみ》商人の中では最も進んだ複式簿記法を採用していること がわかっていますが、延享《えんきょう》三年（一七四六）ころからの決算では、大福帳を総勘定元帳《そうかんじょうもとちょう》として毎年店卸帳《たなおろしちょう》が作成されていました。

また、中井家では、現在の貸借対照表に相当する計算は、「借方之部《かりかたのぶ》」「有物之部《ありもの》」によって、期末の資産から期首の資産と期末の負債《ふさい》を差し引いて、その期間の損益を算出する方法が行われています。損益計算書に相当する計算は、「家内諸入用」「利息取之部」「利息払之部」「徳用之部」「損之部」によって、その期間の収益、費用、損益にあたる計算が行われ、両方の損益が完全に一致するという方法で行われています。中井家ではまた、本家が出店《でみせ》に拠出《きょしゅつ》した元手金を「望性金《もうしょうきん》」というよび方をしています。これは現在の企業《きぎょう》と同じように、経営のためのお金（資本）という考え方を持っていたことを示しています。

このような中井家のすぐれた帳合《ちょうあい》技術は、初代源左衛門が出店の増加

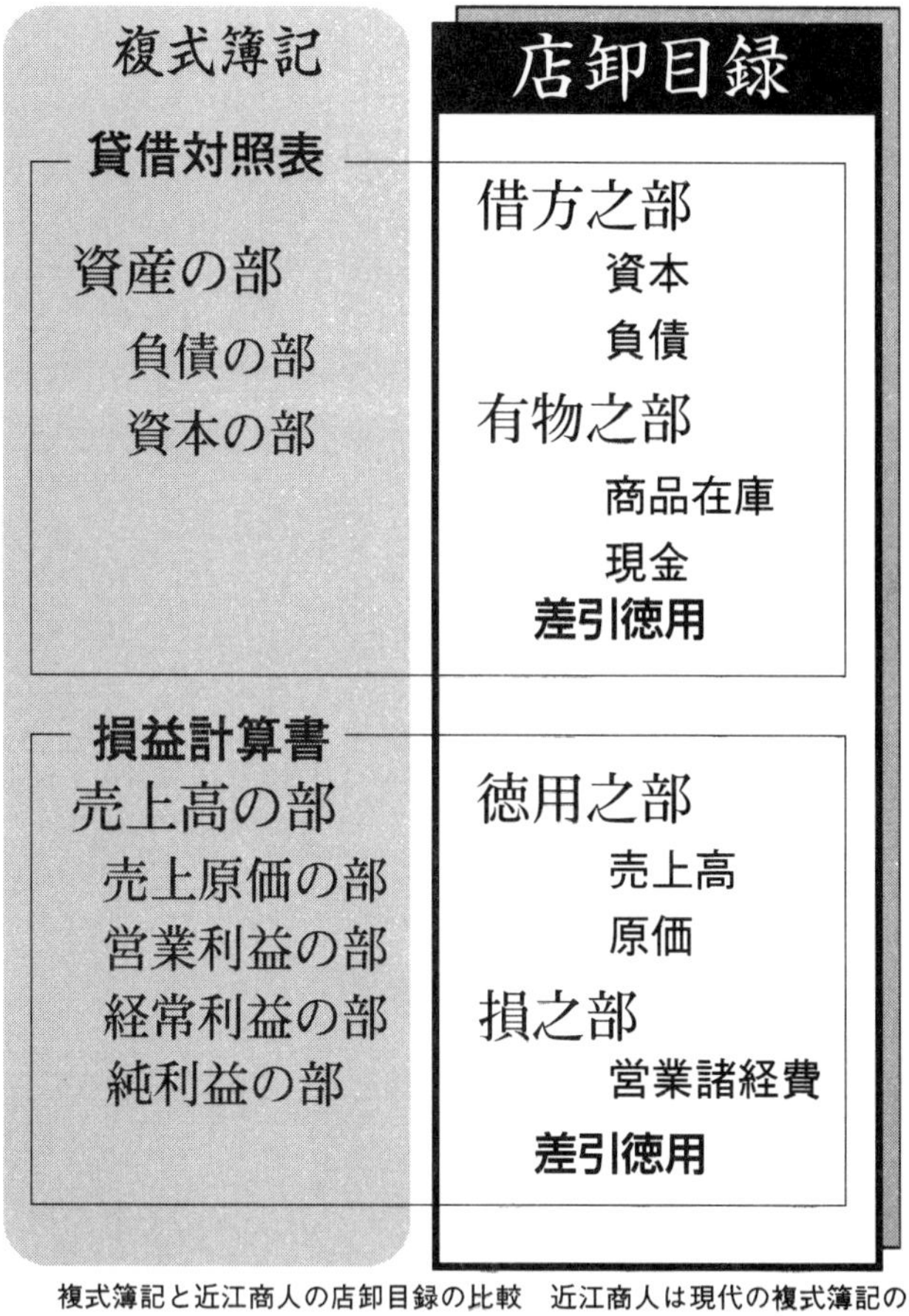

複式簿記と近江商人の店卸目録の比較　近江商人は現代の複式簿記の構造を江戸時代には確立していた。複式簿記では、貸借対照表の資産の部総額と損益計算書の売上高が一致しなければならないが、店卸目録では有物之部から借方之部の差額が差引徳用となり、徳用之部から損之部の差額の差引徳用と完全に一致させて決算としていた。

にともなう財務管理の必要から開発したものとされています。当時、同じように複式簿記《ぼき》を採用していた鴻池《こうのいけ》家や三井《みつい》家と比べても、優るとも劣《おと》らないばかりか、西洋式複式簿記法と比較《ひかく》しても、その計算形式が左右対称勘定《たいしょうかんじょう》や貸借均衡《きんこう》方式ではないものの、基本構造はまったく同じものでした。中井《なかい》家と同じころ、蒲生《がもう》郡猫田《ねこた》（日野《ひの》町）の藤崎惣兵衛《ふじさきそうべえ》家、五個荘《ごかしょう》（東近江市《ひがしおうみ》）の外村与左衛門《とのむらよざえもん》家、あるいは現在も秩父《ちちぶ》で矢尾《やお》百貨店グループとして事業展開している日野出身の近江《おうみ》商人の矢尾喜兵衛《きへえ》家も、このような複式簿記の原理を利用した決算が実施《じっし》されています。出《で》店《みせ》・枝店《えだみせ》のネットワークをもっていた近江商人は、本家が出店の資本管理や経営状況《じょうきょう》をつかんで検討するうえでも、毎年各出店に対して決算報告を要求し、本家はそれらを合算して本家自身の店卸帳《たなおろしちょう》を作成することによって、多くの出店・枝店を有効に管理し統制する仕組みをつくりあげていたのです。

経営システム

Q7

商売で得た利益は、どのように配分しましたか？

「三《み》つ割《わり》銀」とよばれる方法によって配分しました。現代風にいえば、元手（資本金）と幹部社員に渡《わた》すボーナスを配分し、さらに残りがあれば、企業《きぎょう》の積立金《つみたてきん》に引き当てるという、現在の企業と同じ合理的な方法でした。

近江《おうみ》商人は、諸国産物廻《まわ》しの商法や、多くの固定資本を必要とする醸《じょう》造業《ぞうぎょう》等を経営していました。そのため多くの元手（資金）を必要としたのです。その資金調達方法として編みだされたのが、「乗合商内《のりあいあきない》」とよばれる、現代の株式《かぶしき》会社のような一種の共同事業でした。乗合商内の仲間となったのは、別家《べっけ》・縁者《えんじゃ》、出店《でみせ》を開いた地元商人たちですが、その利益の分配方法は、多少の違いはありますが、「三つ割銀」とよばれる方法でした。

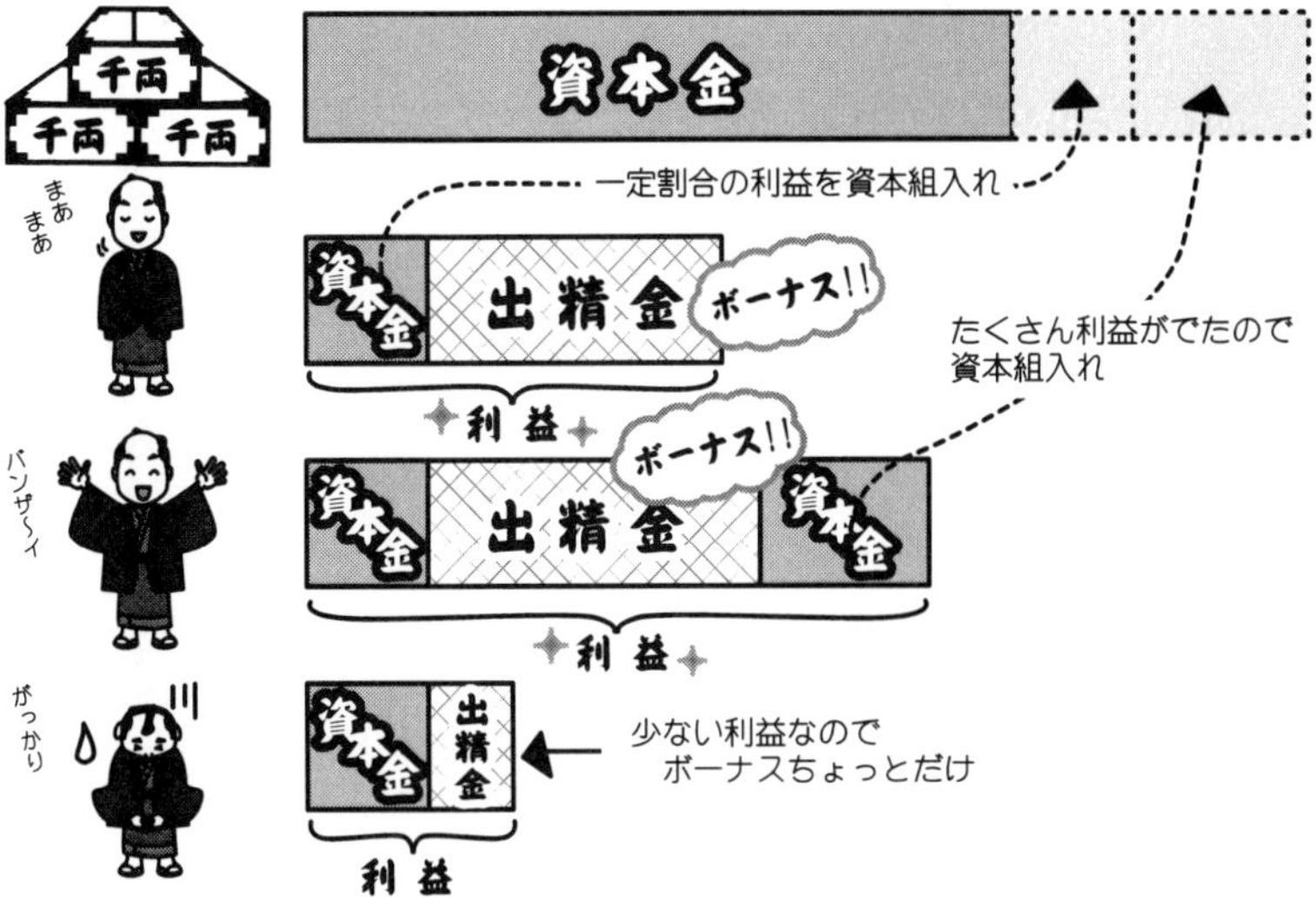

三つ割銀の配分方法　利益からまず第一に資本金組み入れ分が確保される。出精金は利益高の大小によって変動する。

三つ割銀とは、まず資本金に対して一定割合の利益を資本金に組み入れます。さらに利益があれば、その一定割合が出店の最高責任者である支配人に分配され、それ以上に利益がのこれば、また資本金に繰《く》り入れるというものでした。現代風にいえば、まず一定割合を配当金とし、その残りの中から重役賞与金《しょうよきん》、そして積立金に充当《じゅうとう》するというものでした。今日の利益処分と同じ手法がとられていたのです。

このように、近江《おうみ》商人たちは、働いた成果をお金に置きかえて評価する習慣がなかった当時の身分社会のもと、西洋の複式簿記《ぼき》と同じ形態の会計システムを採用し、資本と利息を確保した上で、それ以上の利益が生まれると、「出精金《しゅっせいきん》」、あるいは「出世金《しゅっせきん》」といって各店の支配人たちに配分していたのです。出精金とは、現在のストックオプションともいえるものです。これが江戸《えど》時代中期には確立されていたのですから、近江商人の資本意識は驚《おどろ》くべきものがあります。

この合理的な利益分配方法は、日野帳合法《ひのちょうあいほう》の元祖として知られる中井《なかい》源左衛門《げんざえもん》家のほか、「ふとんの西川《にしかわ》」の西川甚五郎《じんごろう》家も採用しています。中井家では、各出資者に対して利息と利潤《りじゅん》（徳用）を合わせて配分しましたが、本家の出資金に対しては、利息は送っても、「徳用」分は出店にのこし、これにも利息を付けて積み立てるのを普通《ふつう》としていました。

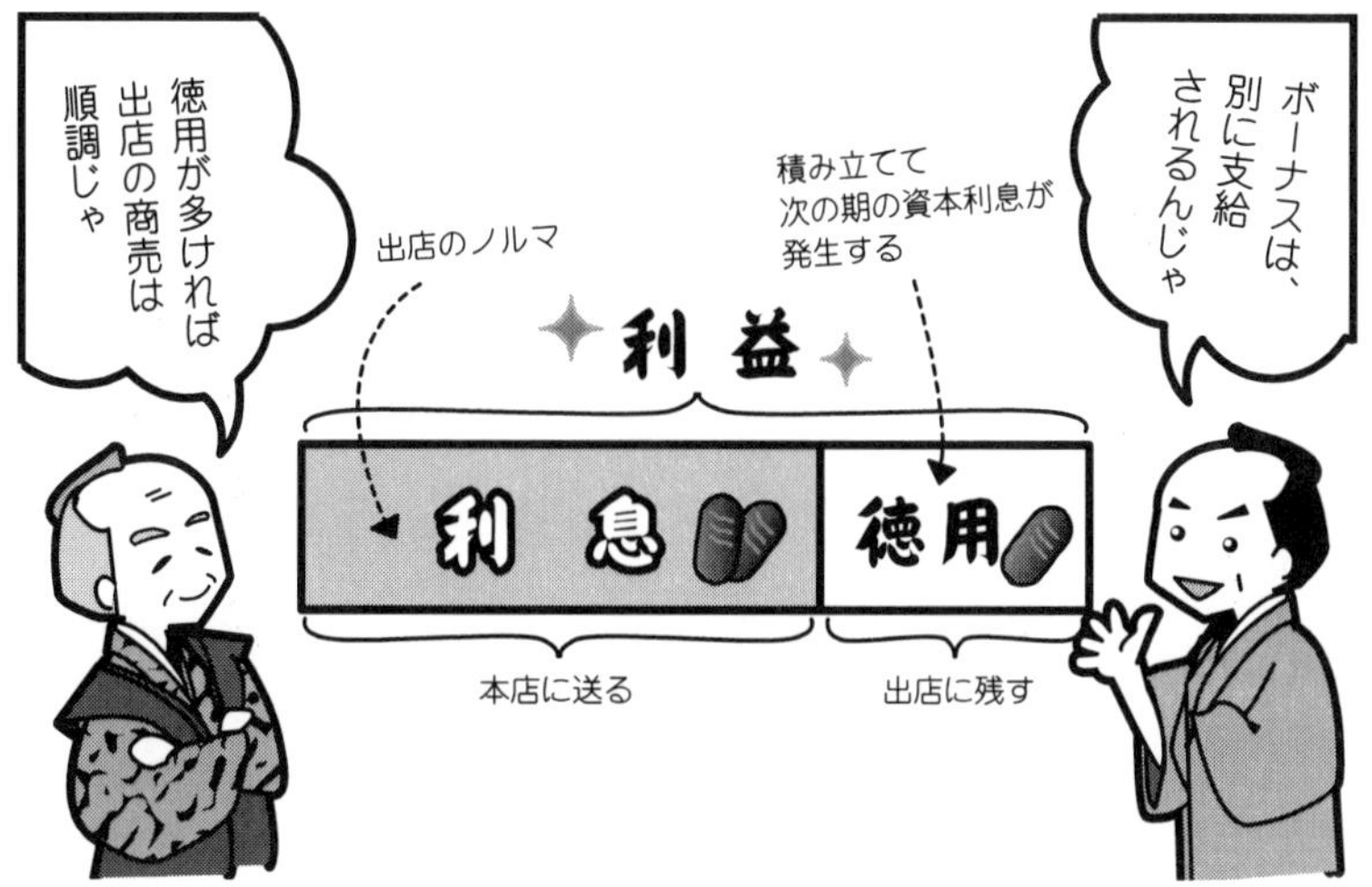

中井家の三つ割銀のしくみ　資本主義の基本原理である資本の拡大再生産方式を江戸時代に確立していたことがわかる。

近代会計でいえば、本支店勘定《かんじょう》に利息をつけていたのです。このように自己資本に対してさえ、一定割合の利息をとり、これを超《ちょう》過《か》しなければ、「徳用があった」とはいいませんでした。これは出店に対して、最低でもこれだけは稼《かせ》がなければならないという努力目標を示すものでした。また、その一方で、支配人に対する成果配分制度の導入によって、その勤労意欲を高めるシステムとして機能していたのです。全国に多くの出店《でみせ》・枝店《えだみせ》を出し、主人だけでは直接管理できなかったので、このような機構をもつ必要性を感じとり、それに適応する制度として確立されたのです

初代伊藤忠兵衛《いとうちゅうべえ》の「利益三分法」も、この三つ割銀のひとつとされています。浄土真宗本願寺派《じょうどしんしゅうほんがんじは》（西本願寺《にしほんがんじ》）の熱心な門徒であった忠兵衛は、仏教の倫理《りんり》を基本とする経営理念の代表格とされています。そのため、忠兵衛は「商売は菩薩《ぼさつ》」と説き、店員を雇《やと》い人というよりも事業の共同経営者として取り扱《あつか》い、「利益をまず従業員の幸福に向ける」ことを、商売繁栄《はんえい》の本道と考えたのです。これは、日本的経営の良さであった「従業員主義」「現場主義」のルーツともいえる経営家族主義でした。もちろん、「商売道の尊さは、売り買い何《いず》れをも益し、世の不足をうずめ、御仏《みほとけ》の心にかなうもの」という、「三方よし」の理念で事業展開をしたことはいうまでもありません。

経営システム

Q8

支配人や番頭、丁稚《でっち》などお店で働いている人たちは給料をもらっていたのですか？

商人になるための養成期間ともいえる丁稚《でっち》たちには給料はありませんでした。昇進《しょうしん》して手代《てだい》とよばれるころになると、給料が定められ、さらに昇進し番頭になればボーナスも支給されました。

近江《おうみ》商人の一生は、いまでいえば幼稚園《ようちえん》児の六、七歳のころに寺小屋に入門したり、商家へ奉仕《ほうし》にあがります。小学校二、三年生の十歳前後になると、親元を離れ、子供や小僧《こぞう》、坊主《ぼうず》などともよばれ、本家で住みこみの丁稚奉公《ぼうこう》にあがります。この丁稚奉公のあいだは、商人になるための養成期間として盆《ぼん》と暮れに小遣《こづか》い銭とお仕着《しき》せ（主人が奉公人にあたえる着物）が支給される以外は無給でした。また、丁稚のあいだは主人の供や子守、掃除《そうじ》、使い走りなど、本来の商売にかかわる仕事ではな

く、雑用がおもな仕事でした。

しかし、この間、丁稚たちは主人の奥さんを中心とした人たちから、将来一人前の商人になるために必要な教育を受け、また、丁稚たちも仕事の暇《ひま》をみつけては、読み書きそろばんから金銀銅貨の計算や換算《かんざん》を身につけたり、行儀《ぎょうぎ》見習いに励《はげ》みました。丁稚から番頭にまで昇進できる者は大変に少なく、きびしい競争・格差社会のなかに身をおいていたからです。丁稚たちは、奉公にあがって五年目に初めて親元へ帰ることができました。これを「初登り《はつのぼ》」といい、そのときに持参した「丁稚羊羹《ようかん》」の名前は、丁稚たちが小豆《あずき》の煮汁《にじる》とくず米を使って羊羹を手づくりしたことによるものです。この初登りは、いったん退職の形をとりました。なぜなら、商人として見こみがないと判断された者は、そのまま親元にのこり、再び商家で働くことを許されなかったからです。丁稚たちは、こうしたきびしい競争社会のなかで一人前の商人として鍛《きた》えられていったのです。

初登りから再び店にもどることが許された丁稚《でっち》たちは、十六、七歳で番頭の命令で出納《すいとう》・記帳・売買などの商業活動にかかわることができる手代《てだい》になります。この間に、商品鑑別《かんべつ》、さらには符牒《ふちょう》（商用暗号）も覚え、商人としての一切の修練をうけます。そして、わずかずつ給料がもらえるようになり、毎年昇給していきます。しかし、給料は現金で渡《わた》されず、それ以前の前借金と差し引かれたり、今日の企業《きぎょう》の社内預金のように店に預けるという形がとられていました。このころになると、「中登り」といって、初登りから数えて二、三年後に故郷に帰ることが許されます。さらに「隔年《かくねん》登り」といい、中登りのあと二、三回の帰省が許されたのです。

手代の時代が三、四年過ぎて、三十歳ころになると、やっと店の経営や家事の切り盛り、奉公人《ほうこうにん》の指導・監督《かんとく》ができる「番頭」に昇進《しょうしん》します。

番頭のなかから、商業活動の責任者として選ばれるのが「支配人」であり、さらに出店全体の監督人は「後見支配人」とよばれる人です。番頭になると、給料以外にも、現在でいうボーナスにあたる報奨金《ほうしょうきん》（出世金）が支給されます。また、「毎年登り」といって、毎年帰省することも許されます。

近江商人の出世コース　支配人にのぼりつめることができるのは、丁稚から始めたうちのほんのひとにぎりの人材にすぎない。

このように、丁稚《でっち》からのきびしい奉公《ほうこう》生活を辛抱《しんぼう》して勤めあげ、その商才を認められた者だけが、店の幹部となったり、あるいは別家《べっけ》（本家から家名と財産を分与《ぶんよ》されてできた新立の家、「のれんわけ」ともいう）を許されたのです。年齢《ねんれい》的には、三十五歳ごろですが、ようやく結婚《けっこん》し、家庭をもつことにもなります。別家を許されたとき、本家から分けられる財産とは、退職金や給与《きゅうよ》積立金などで、開業資金としてあたえられました。別家として独立《どくりつ》したあとは、本家との主従関係を保ちながら、商業活動にいちだんと励《はげ》み、やがて家督《かとく》（商家の実権）を子供に譲《ゆず》り、商売活動から離《はな》れた「隠居《いんきょ》」の立場になると、先祖の供養と子孫や店の繁栄《はんえい》を願って霊場《れいじょう》（神社仏閣《ぶっかく》）めぐり、家訓や店則を定めたりするほか、神社仏閣への寄進や公共事業への投資、慈善《じぜん》事業などに取り組むなど、いわゆる「陰徳善事《いんとくぜんじ》」を進んで行うようになるのです。

家訓

Q1

「三方《さんぽう》よし」とはどういうことですか？

近江《おうみ》商人が商売の基本とした共通の理念で、「売り手よし、買い手よし、世間《せけん》よし」という言葉で表されています。売り手と買い手にとって利益になることは当たり前ですが、さらに社会全体（世間）の利益になることを目指します。

「三方《さんぽう》よし」は、封建《ほうけん》経済体制のなかで、近江商人が他国に出かけて商業活動を行う場合の基本とした共通の理念で、最も重視したものです。

他所《よそ》の国からの人々を受け入れることをよしとしなかった封建時代に、すすんで後ろ盾《だて》のない他国に出かけ、商業活動を行った近江商人たちが、出先地域（他国）の人々の信用を得るには、取引相手（買い手）の利益となる正直で誠実な商業活動を行い、さらに、その活動を通じて出先地域全体の人々の生活をも潤《うるお》し、すべての人が幸せになれる商売を目標とする必要がありました。このように出先地域でさまざまな経済的貢献《こうけん》を果たすことによって、近江商人たちは津々浦々《つつうらうら》での経済活動が許されたのです。これが「世間よし」の意味となります。もちろん、「世間よし」とは、地域、血縁《けつえん》、商縁《しょうえん》のある地域が存在した時代の話であり、現在のようにグローバル・ボーダレス化社会における不特定多数の人々に貢献するという意味ではないかもしれません。しかし、当時の人々の世界観からすれば、画期的な経営理念であったことに間違《まちが》いありません。

　このために、近江商人たちは出先地域で排斥《はいせき》されることなく、むしろ歓迎《かんげい》されたのです。日野《ひの》出身の中井源左衛門《なかいげんざえもん》家は、その出店のひとつ天《てん》童《どう》店（山形《やまがた》県）を閉店しようとしたところ、当地の名主たちが連署で「閉店されると、当地の金融《きんゆう》が行き詰《づ》まるから、店を閉めないでほしい」と願い出たとの話がのこされています。また、明治《めいじ》一七年（一八八四）の①秩父《ちちぶ》事件の騒動《そうどう》のさなかでは、この地の最大の商家に発展していた矢尾《やお》

①借金の返済延期、減税を要求して困民党が自由政府樹立を宣言した。警官隊、軍隊が出動して鎮圧されたが、十数名が死刑となった。

喜兵衛《きへえ》家の出店は、焼き討《う》ちをまぬかれたばかりか、秩父困民党《ちちぶこんみんとう》から開店を勧《すす》められています。こうした出来事は、近江《おうみ》商人たちが、出先地域で「三方よし」の考え方に立って展開した商売が、その地域の人々に理解され評価されていたことを裏づけています。

「売り手よし」「買い手よし」だけであれば、近江商人にかぎらず近世の多くの商人たちが商業活動の基本としています。これに加えて近江商人たちは、すべての人々が幸せになれることを目指したのです。これが「三方よし」の理念であり、「売り手よし、買い手よし、世間よし」という言葉で表されているのです。

この「三方よし」という言葉自体は、近江商人に伝わる歴史的言葉ではなく、彼《かれ》らの家訓などにも一切でてきません。近江商人の研究者が、近江商人の経営理念を簡略に示すシンボル的標語として用いたものが、新聞記事などで取り上げられるようになり一躍脚光《いちやくきゃっこう》を浴びて定着したも

近江商人の
品物は信用が
おけるな
いい品が入って
生活が豊かになった
このお金を元手に
また地域の人に
よろこばれる物を
仕入れてこよう
よろこんで
いただいてよかった
小判
世間よし
地球環境　地域社会　コミュニティ
買い手よし
消費者
企業
メーカー
商業者
売り手よし
生産者
メーカー
サービス業者
商業者

環境が良くなった
産業が興った
街が栄えた

三方よし　近江商人は本宅を近江において他国で商活動をしていたので、その商い先の人々の信用を勝ち得ることが必要だった。そのため取引相手だけでなくその地域（世間）の幸福に貢献する商売が、将来の店の繁栄にもつながると考えていた。「三方よし」の基本的な理念は江戸時代に中村治兵衛が書きのこした文書にみられる。

のです。五個荘《ごかしょう》出身の近江《おうみ》商人である中村治兵衛《なかむらじへえ》家には「他国へ行商するも、総《すべ》て我事《わがこと》のみと思わず、その国一切《いっさい》の人を大切にして、私利《しり》をむさぼることなかれ」という家訓があります。この家訓が、「三方よし」の理念を最も端的《たんてき》に表したものです。

このように、近江商人たちが商売を行う上で基本とした「三方よし」という基本理念は、現代社会においても通用するもので、企業《きぎょう》の経営活動は生産者も販売者《はんばいしゃ》も消費者も含《ふく》めた社会全体の幸福につながって、はじめて成り立つという教えなのです。大変平易な表現ですが、実に味わい深い意味をもっているのです。

家訓

Q2

近江商人は、一攫《いっかく》千金を目指して活動したのですか？

近江《おうみ》商人は、一攫《いっかく》千金を目指した活動を嫌《きら》い、お客にうそ偽《いつわ》りのない良質の商品を少しでも安く提供することを心がけ、そのために「始末してきばる」商業活動を行いました。

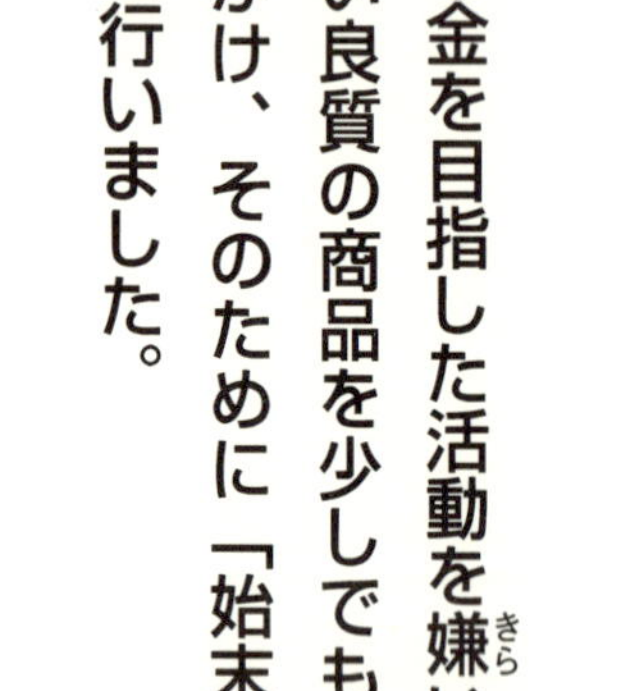

近江商人と同様に、江戸《えど》時代に活躍《かつやく》した豪商《ごうしょう》に紀州《きしゅう》（和歌山《わかやま》県）の紀《きの》国屋《くにや》文左衛門《ぶんざえもん》と江戸深川《ふかがわ》（東京《とうきょう》都江東《こうとう》区）の奈良屋茂左衛門《ならやもざえもん》がいます。文左衛門は、江戸でみかんが高騰《こうとう》しているとき、紀州のみかんを嵐《あらし》の海を乗り越《こ》えて江戸まで運んで大金持ちとなった後、「火事と喧嘩《けんか》は江戸の華《はな》」といわれるほど江戸は火事が多く発生することに目をつけて材木問屋となり、木曾《きそ》（長野《ながの》県）から材木を直接買いつけ、巨万《きょまん》の富を築きました。また、材木商であった茂左衛門は、日光東照宮《にっこうとうしょうぐう》の修復用材の調達を請《う》け負い、やはり一気に巨万の富を築きました。文左衛門も茂左衛

門も、だれもが思いつかなかったことを実行し、一攫千金を得たのですから、その意味ではすごい商人といえます。しかし、結局は派手な遊びに興じて散財したり、粗悪《そあく》な銭づくりに手を染めたり、また、後継者《こうけいしゃ》の育成にも失敗して、すべての財産を失ったといわれています。まさしく近江商人松居久左衛門《まついきゅうざえもん》初代が家訓でいましめた「奢者必不久（奢《おご》れる者必ず久しからず）」となったのです。

近江商人の多くは、文左衛門や茂左衛門のように一攫千金を目指す商業活動を嫌いまし

紀国屋文左衛門の一攫千金

た。「始末してきばる」という近江《おうみ》商人共通の経済観念が、少ない利益のなかから多くの富を蓄《たくわ》える努力を怠《おこた》らず、代々その財産を受け継《つ》いでいくシステムをつくり上げていたからです。また、近江商人の「始末」は、「けち」とは意味が異なります。お金があるのに意識して使わないのが「始末」で、使うのを惜《お》しむのが「けち」なのです。そして近江で「きばる」という言葉は、「おきばりやす」という挨拶《あいさつ》に使われるくらい親しまれています。この「きばる」ことこそが、近江商人の商業活動の原点になっているのです。近江商人は、お客にうそや偽《いつわ》りのない吟味《ぎんみ》した良質の商品を、掛値《かけね》のない一定価格で、しかも安く提供することを商売の基本としていたので、その日常生活はきわめて質素でした。

近江商人が活躍《かつやく》した江戸《えど》時代後期は、世の中が不況《ふきょう》でした。また、近江商人が商業活動を展開した主な地域は、東北、北関東、北陸、山陰《さんいん》といった当時はまだ経済的に後進の地域でしたから、商品の価格を低く抑《おさ》

もちろん全部
良品です
安く提供するために大量に運ぶ
豊かでない地方には
高く売らない
利益をおさえる
適正な価格で買う

近江商人の始末してきばる様子

える必要がありました。このような地域や世情から、お客のためを思う販売《はんばい》を実現するためには、流通や販売にかかる経費を切り詰《つ》めて「始末する」必要があったので、一攫《いっかく》千金という発想はありませんでした。近江商人の多くの商家の家訓や店則に「始末してきばる」という意味合いの言葉がのこされているのはそのためなのです。

また、卸《おろし》売りが中心の近江

商人は、小売商人を相手に商売をしていたので、大きな信用を得るためには、より正直な商売が求められました。近江《おうみ》商人の多くは、①商品流通の操作《そうさ》による価格差に依存《いそん》したり、投機取引に手を出すような不誠実な取引はつまらない商人の行為《こうい》である、②誠実さを欠くようなことは慎《つつし》み、商品の仕入れは十分に吟味《ぎんみ》し、確実な筋《すじ》の通った良品を仕入れて販《はん》売《ばい》する、③高率の利益を望んだり、品薄《しなうす》のときでも余分な利益を要求しない、などといったことをそれぞれの家訓で述べています。

東京日本橋《とうきょうにほんばし》の豪商《ごうしょう》となった近江商人の薩摩治兵衛《さつまじへえ》は、江戸《えど》幕府滅亡《めつぼう》の後の官軍による江戸城総攻撃《そうこうげき》の日も、通常どおりに店を開き、商品の価格を変えることはなかったといわれています。治兵衛のように近江商人は、お客にうそ偽《いつわ》りのない吟味した商品を掛値《かけね》のない一定価格で安く提供する、正直で勤勉な商売に励《はげ》んでいたのです。

家訓

Q3

近江商人は、商品の質と取引についてどう考えていましたか？

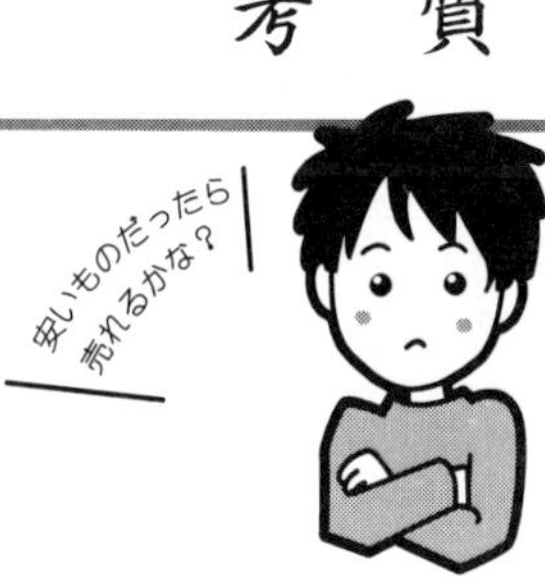
安いものだったら
売れるかな？

近江《おうみ》商人は良い商品をできるだけ安く平等にお客に販売《はんばい》することを心がけていました。そのために、不道徳な商業活動を固く禁じ、「売って悔《く》やむ」取引を基本としています。

近江商人は、より良い品物をできるだけ安くお客に販売することを心がけていました。これは、「商品をお届けするのは御仏《みほとけ》の意思によるもので、ただ自分が代行しているに過ぎない。それだから御仏の意思にそむいて、暴利をむさぼったり、質の悪い商品を良い商品だと偽《いつわ》って売ることはできない」という経営理念が商業活動の根底にあったからです。

いまでも近江商人の話が話題にでると、「近江商人の売った蚊帳《かや》には天井《てんじょう》がなかった」という悪口を持ち出す心ない人たちがいます。確かに近江商人の特徴《とくちょう》のひとつに、他の商人にくらべて数が多く、活動が目だっていたことがあげられます。そのため、こうした悪口をいわれるような商売をしていた商人がまったく存在しなかったとはいいきれません。しかし、多くの近江商人たちにとっては、的外《まとはず》れな言葉であると思います。

八幡《はちまん》商人である西川仁右衛門《にしかわじんえもん》を初代とする日本最大の寝具《しんぐ》メーカー「ふとんの西川」は、創業時より蚊帳を下り荷の主力商品とし、二代目甚五郎《じんごろう》が考案した萌黄《もえぎ》の蚊帳で商店の基礎《きそ》を築いています。天井のない蚊帳を売っていれば、現在の西川産業の繁栄《はんえい》はなかったはずです。

近江蚊帳には天井がないらしいで
天井のない蚊帳では商売できないですわ！！
蚊帳をめぐる商人同士のやり取り

近江《おうみ》商人の取引のあり方については、西川《にしかわ》家と同じ八幡《はちまん》出身の市田清兵衛《いちだせいべえ》三代目の家訓や日野《ひの》出身の山中兵右衛門《やまなかひょうえもん》家四代目の家訓『慎《つつしみ》』、あるいは足利《あしかが》（栃木県）に店を開いた五個荘《ごかしょう》出身の山村平八《やまむらへいはち》家の『商工格言』にもみられるとおり、商品流通の操作《そうさ》による価格差に依存《いそん》したり、投機取引に手を出すような不誠実な取引をいましめる一方、商品の仕入れは十分に吟味《ぎんみ》し、確実な筋《すじ》の通った良品を仕入れ、粗悪品を取り扱《あつか》ってはならない、高利を望んだり、品薄《しなうす》のときでも余分な利益を要求してはならない、また、小さな商いもおろそかにせず、商品の多少を問わず親切に売れ、小口のお客をかえって大切にせよ、などといういましめが数多くみられます。

五個荘出身の外村与左衛門《とのむらよざえもん》家の四十四条におよぶ家訓『心得書』が、これらのことをよく表しています。この『心得書』のなかに「自然《じねん》成行」[1]があります。「自然成行」とは、売った後で値が上がれば、得られるは

①仏教の語で、人為の加わらないこと。本来そうであること。

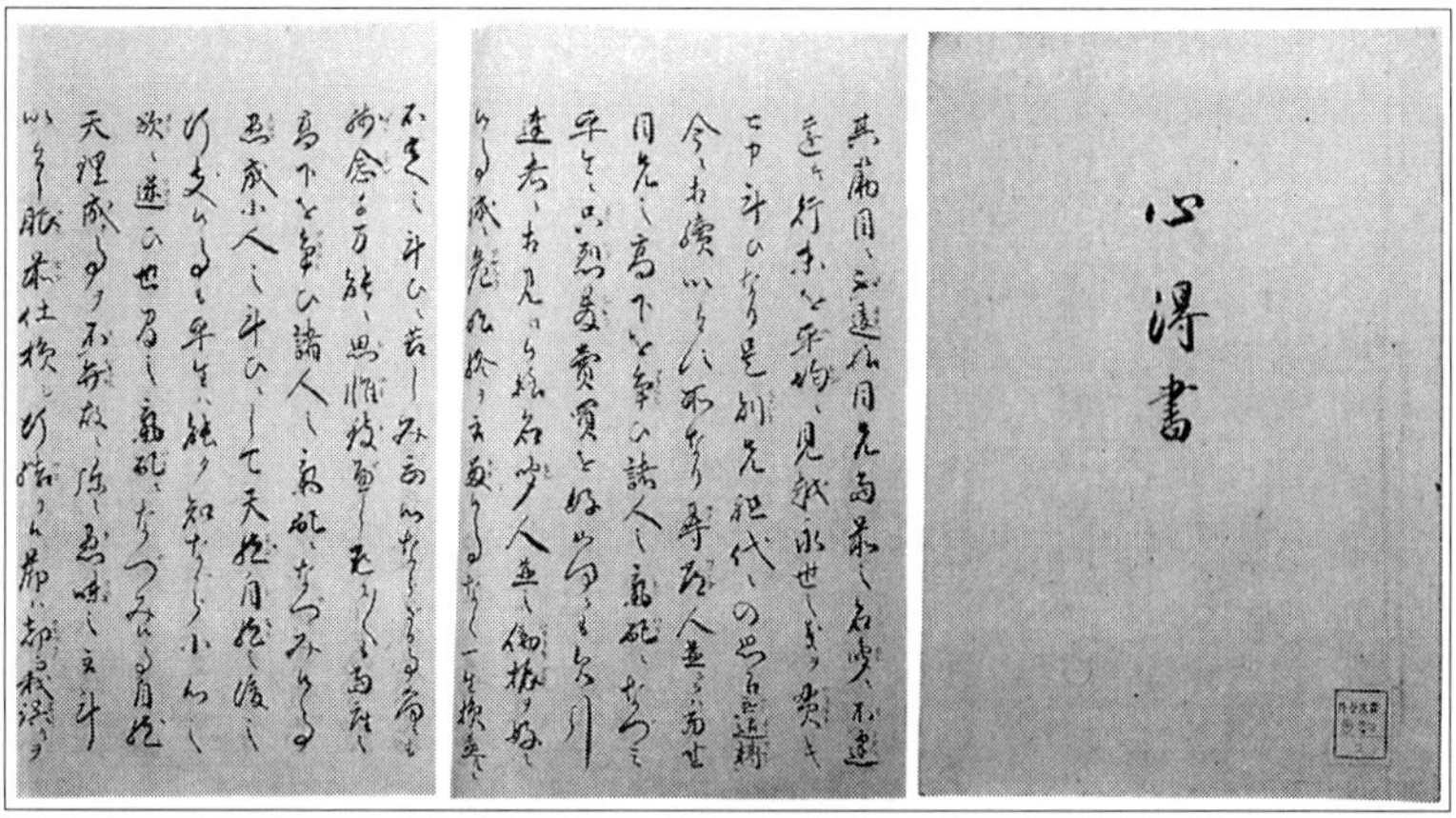

外村家の心得書（近江商人博物館提供）　安政３年（1856）に制定された家訓には、目先のことに惑わされずに未来を見すえて永世の義を貫くこと、と説いている。

ずの利益が得られず損をしたようであるが、その方がお客は喜び、取引の将来が楽しみになる、というものです。
つまり、「損をして得をとれ」ということで、一つの取引ごとに最大の利益を求める商売をするのではなく、長い目で見て経済的に合理性のある取引を求めたのが近江商人なのです。さらに、『心得書』は、商品の買い方については、競争相手の少ないときに買い入れると、売る方は喜ぶ。売り方については、買い手の望むときに売り惜《お》しみせず売り払《はら》えば、お客も喜ぶものであると諭《さと》しています。

つまり、売り買いともに相手の立場を尊重することが、大切であるといましめているのです。そのために、「売って悔《く》やむ」ことの大切さを述べているのです。つまり、先々値上がりするかもしれない思惑《おもわく》から売り惜《お》しんではならない、これだけ人気のある商品を、こんなに安い値段で売るのは、「ちょっと惜しい」と悔やみたくなるような取引をせよ、といっているのです。売り手が、安売りし過ぎたかなと悔やむような取引であれば、きっと客に喜んでもらえ、後々におのずと利益があがってくるというのです。

これらは、現在のCS[1]（顧客《こきゃく》満足）経営の原点ともいえるものであり、良質の商品を安く提供するために、自らの私生活をはじめ、あらゆる面で「始末」を心がけ、「きばる」を実践《じっせん》することこそ、近江《おうみ》商人が念頭においてきた商業活動の基本なのです。

① Customer Satisfaction　の略。

家訓

Q4

近江商人は、
金儲《かねもう》け第一主義
でしたか？

近江《おうみ》商人は、商人である以上、利益をあげることはよいことであるとしています。しかし、その利益は正直で誠実な商業活動を行った結果得られる、正当なものでなければならないとし、金儲《かねもう》けに執着《しゅうちゃく》せず、それに見合った社会貢献《こうけん》を行うことを大切にしています。

八幡《はちまん》出身の近江商人である西川利右衛門《にしかわりえもん》家の家訓は「義を先にし、利を後にすれば栄える（先義後利栄）」と「富を好《よ》しとし、其の徳を施《ほどこ》せ（好富施其徳）」です。つまり、義理や人情を第一とし、商売が繁盛《はんじょう》して富を得ることはよいことである。しかし、その富に見合った社会貢献をすること、すなわち商業活動が大きくなるほど商人も大きな徳をもった人間形成をはかり成長しなければならないと諭《さと》しているのです。「義」とは、

正しい道のことであり、百貨店「大丸《だいまる》」の創業者である下村彦右衛門《しもむらひこえもん》も、「義を先にし利を後にする者は栄える（先義而後利者栄）」を事業の根本理念に定めています。

また、日野《ひの》出身の近江商人である中井源左衛門《なかいげんざえもん》家二代目の家訓『中氏制要』は、まず「人生は勤むるにあり、勤むればすなわち乏《とぼ》しからず、勤むるは利の本なり、よく勤めておのずから得るは、真の利なり」と述べています。

近江商人に限らず、江戸《えど》時代の商人たちによる経済活動は人々の暮らしのうえで、なくてはならないものとなっていました。しかし、士農工商という身分制度の下、身分的に最も低いところにおかれていたのが商人たちでした。これは商人たちが手に入れる利益は、自分だけが利益を得ようとするところから生まれているとみなされていたからです。

しかし、江戸時代中期のころ、石門心学《せきもんしんがく》を創始した石田梅岩《いしだばいがん》は、「仁・

義・礼・智《ち》の心が信を生む」として、商人の職業道徳、つまり商人道を明確にしています。商人が誠実な商業活動を通じて受けとる利益は武士が受けとる「禄《ろく》（仕官するものにあたえられる給与《きゅうよ》）」と同じであり、職分においては商人と武士との間に尊卑《そんぴ》（尊《とうと》さやいやしさ）はないと説きました。近江《おうみ》商人たちは、仏教信仰《しんこう》を心の支えとし、この石門心学《せきもんしんがく》の実践者《じっせんしゃ》として、勤勉と禁欲を自分に課して、全国各地の商品流通を調整することに励《はげ》んだのです。それは、このような商業活動は社会に貢献《こうけん》するものであるから、その活動によって得られる利益は正当な利益であるとの強い信念をもっていたからです。

また、五個荘《ごかしょう》出身の近江商人である塚本定右衛門《つかもとさだえもん》家の二代定次《さだじ》が、明《めい》治《じ》二〇年（一八八八）二月、夢のお告げにより書きのこしたといわれている『塚本家心得』には、第一に「我が家の財産は天に委託《いたく》（あずけること）すべし」を掲《かか》げ、引き続き「他人の困窮《こんきゅう》（こまり苦しむこと）を

近江商人の利益に対する考え方　近江商人は蓄えた利益を社会に還元することを念頭においていた。災害時の救済資金提供やお助け普請はその一例で、教育の充実や産業の振興などへの貢献した例は枚挙にいとまがない。

救い、毎年二、三千円以上の大金を「喜捨之心《きしゃの》（仏心のように対価を求めない無心の心）」で「救恤《きゅうじゅつ》（貧しい人や災害などにあった人を助けること）・教育・勧業《かんぎょう》（農業や工業などの産業を勧めること）・道路・待遇《たいぐう》恵贈《けいぞう》（客などへのもてなしや贈り物）」のために費やすこととしています。

さらに、「慈悲仁愛《じひじんあい》の心（いつくしみやあわれみの心で他人の苦しみや悲しみを取り除いてあげる心）」をもって善徳を積むことは、自分の家の存続のためでもあるということを、仏教にとどまらず、儒教《じゅきょう》やキリスト教の教義を引用しながら説いています。

これらの家訓は、いずれも商業活動はお金儲《かねもう》けに執着《しゅうちゃく》することではなく、人道的精神で社会貢献《こうけん》することを推奨《すいしょう》するものです。近江《おうみ》商人に共通する社会貢献活動の原点、すなわち「陰徳善事《いんとくぜんじ》」の基本原理は、近江商人の生き方をも象徴《しょうちょう》しているものといえます。

家訓

Q5

「利真於勤」とは
どのようなことを
さしますか？

「利は勤むるに真《しん》なり」と読みます。商人の利益は、商人本来の勤めを果たした結果として手にするものであり、自分だけの利益のみを考え、買い占《し》めしたり、値段を引き上げたり、あるいは政治権力と結んで手にする暴利は、真の利益ではないという意味です。

伊藤忠兵衛（初代）

豊郷《とよさと》出身で伊藤忠《いとうちゅう》商事の業祖となる初代伊藤忠兵衛《いとうちゅうべえ》の座右の銘《めい》ともいわれています。この「利真於勤」は、中国唐《とう》時代の詩人である韓愈《かんゆ》の漢詩①「業《わざ》は勤むるに精《くわ》し（業精于勤）」から転意してつくられたと小倉榮一郎氏が考察しています。

近江《おうみ》商人の多くは利益優先主義者ではなく、社

近江商人の取引　利益を追求するだけでなく、出先地域に役立つ商いを心がけていたので、長い商業活動が可能となった。

会性を重んじ、商人の役割はお客のために働くこと、全国各地の商品に対する需要《じゅよう》と供給のバランスを調整することであると確信し、その商業活動を誠実に果たした後に利益は得られるもの、と考えていました。

確かに商業活動を行ううえで、取引のタイミング（時期）を適確にとらえることは大変重要なことです。そのタイミングのとらえ方で価格が決まり、得られる利益も大きく左右されるからです。しか

①韓愈の『進学解』にある「業精于勤　荒于嬉　行成于思　毀于随」。の第1句。

し、近江《おうみ》商人は、タイミングを図り、買いしめて価格を引き上げたり、災害などで物資の不足が生じたことに乗じて、安く仕入れたものを高く売るようなことを好みませんでした。江戸《えど》時代の安政《あんせい》の大地震《おおじしん》のときには、物資が不足し物価がはねあがりました。しかし、古着商を営んでいた百貨店「高島屋《たかしまや》」の創祖となる飯田新七《いいだしんしち》は、同業他社が価格を引き上げるなか、通常の価格で通常通りの商売をしたそうです。その結果、他の店が多くの京都《きょうと》民衆からの支持を失い廃業《はいぎょう》などに追いこまれるなか、かえって新七の店は多くの人たちから支持を受けることになり、今日の高島屋の基礎《きそ》を築くことができたのです。飯田新七に限られたことではなく、東京日本橋《とうきょうにほんばし》の豪商《ごうしょう》となった薩摩治兵衛《さつまじへえ》も、官軍の江戸城総攻撃《そうこうげき》の日も通常どおりに店を開き、価格を変えませんでした。

また、近江商人は、時の政治権力と結びついて暴利をむさぼることも嫌《きら》いました。もちろん、幕府や大名の御用商人となることを断りきれず

飯田新七の商売　商取引は、客とのわけへだてのないつきあいと商品の一定価格が大切であることを示し、後の高島屋の発展につなげた。

に、御用商人となった結果、資金の融通面《ゆうづうめん》で幕府や大名との取引を余儀《よぎ》なくされ、明治《めいじ》維新《いしん》のときに、その返済が得られず破綻《はたん》した近江商人もいました。しかし、資金調達を通じ、その見返りとしての特権などを求めたりはしませんでした。なかには江戸《えど》時代末期に尾張藩《おわりはん》から再三にわたって多額の資金提供を求められた五個荘《ごかしょう》出身の近江《おうみ》商人である外村与左衛門《とのむらよざえもん》（外与《とのよ》）のように、断固として断る気骨をみせた者もいます。

「利真於勤」の話にもどりますが、この言葉の前には、「商売は菩薩《ぼさつ》の業、商売道の尊《たっと》さは、売り買いいずれをも益し、世の不足をうずめ、御仏《みほとけ》の心にかなうもの」があり、そのあとに「利真於勤」が続いているのです。

全店員に、親鸞《しんらん》の教えを説いた「正信偈《しょうしんげ》・和讃《わさん》」を持たせ、店員一同と朝夕仏壇《ぶつだん》で念仏を挙げた信仰心《しんこうしん》のあつい伊藤忠兵衛《いとうちゅうべえ》だからこその座右の銘《めい》であるといえましょう。この忠兵衛の「利真於勤」の創業精神は、今も伊藤忠商事の「清く正しく美しく」の社訓として受け継《つ》がれています。

家訓

Q6

近江商人が、代々子孫に伝えて守ってきたことはどんなことですか？

近江《おうみ》商人たちは、その豊かな経験と知恵《ちえ》の結《けっ》晶《しょう》ともいえる家訓や店則を子孫たちにのこしました。彼らが伝えて守ってきたこと、それは「すべての人々の幸せを願うこと」であり、「命の尊さと思いやりの心を持つこと」、そして、「自己の品性と商格を高める大切さ」でありました。

近江商人たちのなかには、口伝《くでん》（口頭で伝え、教え授けること）も含《ふく》めて、さまざまな家訓や店則をのこしています。これらの家訓や店則は、創業者や中興の祖と称《たた》えられている人たちが、家業の永久的な繁栄《はんえい》と存続を願って、その子孫や親族、使用人にのこした戒《いまし》めです。言葉や表現方法には違《ちが》いがありますが、時代をこえて次の世代に継承《けいしょう》していくべき近江商人の豊かな経験と知恵の結晶としての教えがたくさんあります。

近江商人たちの家訓を現代の言葉に置き換《か》えると、
一、商売は仏さまに代わって行うから、正直・誠実に行う
二、思いやりと信用を大切にする
三、自己の品性を養い、法規や約束を守る
四、「もったいない」精神で、質素・倹約《けんやく》をはかり、勤勉・努力する
五、お客（相手）のことを第一に考える
六、お客（すべての人々）を差別せずに平等に接する
七、人をだましたり、欺《あざむ》いたりしてはいけない
八、利益は、世の中のために奉仕《ほうし》した結果、得られるものである
九、社会奉仕とは、対価を求めず、仏さまの心のように無心で行う
等々です。

これらの家訓は、いずれも現代を生きる私たちや社会全体が見失いかけているものばかりであり、これらがいかに大切であるかを改めて教え

てくれているように思います。

現代の企業《きぎょう》は、これまでには考えられなかったような様々な問題を引き起こしていますが、商業活動の「商売」だけが優先され、もうひとつの「商買」があることを忘れているからでしょう。「商い」という文字は、「立」と「冏《けい》」の二文字からできており、「立」は、「大」と「二」から成り立っています。「大」という文字は、人が手足を広げている形から「大人」を、また、「二」は地面を表し、人が大地に立っている様子を表現しています。もうひとつの文字「冏」は、内々で語るという意味があり、「商い」とは、「おしはかって商売する」という意味となるそうです。「おしはかる」とは、ともすれば、「駆《か》け引きする」という意味合いでとらえがちですが、相手の気持ちに立って、自分がどう行動すれば、相手はどう感じるかという「気づき」「思いやりの心」にほかなりません。

現代を生きる私たちは、あらゆる世界で「成果（結果）」だけを重んじ、

「勝ち組」や「負け組」で片付けてしまい、「成果（結果）」として表れなければ、その間の「努力」にも目を向けなくなるなど、プロセス（過程）を軽んじがちです。近江《おうみ》商人の家訓や店則の戒《いまし》めは、私たちが大地にしっかりと立ち、一人ひとりは「品性」を、商業活動では、商いの方法、すなわち「商格」を高め、単に「成果（結果）」だけを追い求めず、そのプロセスを重んじる大切さを問いかけているように思います。

　近江商人たちが、共通の基本理念とした三方よしの「よし」とは、分かりやすく言い換《か》えると、「すべての人々が幸せになる」という願いであると思います。そのためには、な

近江商人の三方よしの考え方ですべてよし

にごとにおいても、「思いやりの心」をもつことが大切となります。一説によると「幸」という文字は、「夭《よう》」と「逆」の会意文字ということです。「夭」は「若くして亡くなる」の意味があるので不幸ですが、その「逆」は「しあわせ」というわけですから、「幸」は人間をはじめすべての命を大切にすると読みとれます。近江《おうみ》商人が目指した「三方よし＝幸せ」の図式の先にあるものは「命」ではないでしょうか。

近江商人たちが、代々子孫や商業活動を通じて、人々に伝えて守ってきたこと、それは「命の尊さ」を知り、「人を大切にすること」、また、ひとりの人間として、商業活動を行うときも、「常に世の中のすべての人々が幸せになるためには、どう行動したらよいかを忘れてはならない」ということではなかったかと思います。そのため、彼《かれ》らは自らの「品性」と「商格」を高めることに努め、人間尊重の経営を心がけてきたと思います。

◎あとがき

「静かな有事」と呼ばれる少子化に歯止めがかからないようです。少子化問題は、単に経済成長の鈍化や社会保障の負担増加に止まらず、地域社会の共同体機能の維持にも影を落とし、地域の文化、あるいは、それを基盤とする日本人の意識構造や生き方そのものなども変えつつあり、わが国の将来の存立基盤を揺るがす重大な問題となっています。その一方では、グローバル・ボーダレス社会が進行しており、これまで多くの先人たちが築き上げてきたさまざまな優れた日本の文化や日本人の意識構造、その生き方などを、どのように次代を担う子どもたちに伝えて守っていくかが問われているように思います。

そうしたなか、サンライズ出版の岩根順子社長より、近江商人研究書ではなく、「中学生にもわかる近江商人読本ができないか」、「中学生にもわかるということは大人にも当然わかりやすいものとなる」との企画書がもちこまれました。その趣旨に異論はなく、その場で本書の執筆をお引き受けしたものの、いざ執筆に入ると、責任の重い大変な仕事をお引き受けしてしまったと痛切に感じるところとなりました。

私たちは、少年少女のころに学んだことは、素直に受け入れて、いつまでも記憶に残り、いくら齢を重ねても忘れることはありません。滋賀県人が琵琶湖とともに郷土の誇りとする近江商人について、どれだけ正確に伝えられるかということや、家庭での言語環境が、なにごとも「辞書」で調べることが当たり前であった私の少年のころとでは様変わりしており、家訓をはじめとするさまざまな事柄をあれこれ説明しすぎれば、それら元の言葉の持つ深い意味が消え去り、近江商人たちが代々子孫や私たちに伝えて守ってきた心をもかき消してしまうのではないかと危惧したからです。

本書は、企画当初に目指した「中学生にもわかる」からは程遠いものになったかも知れませんが、家訓などは、あえて書き下ろさないままとしました。つまり、家庭での教育力の低下が問われているときだけになおさら、家庭においても「辞書」を取り出し、生徒たちに近江商人たちの生の言葉や知識のシャワーを与える機会をつくることも大切だと思ったからです。ご意見やご批評をいただきながら改訂を重ねて、中学生をはじめ、少しでも多くの方々に読んでいただける近江商人の「入門書」に近づけることができることを願っています。出版に当たりましては、企画・編集・製作に携わっていただきました山﨑喜世雄氏にも大変お世話になりましたことを、この場をお借りして厚くお礼申し上げます。

二〇一〇年六月

渕上清二

参考文献

◇小倉榮一郎著『近江商人の系譜』社会思想社
◇小倉榮一郎著『近江商人の理念』サンライズ出版
◇末永國紀監修『近江商人の商法と理念』滋賀県AKINDO委員会
◇サンライズ出版編集部編『近江商人に学ぶ』サンライズ出版
◇滋賀県AKINDO委員会編『現代に生きる三方よし』サンライズ出版
◇江頭恒治著『江州商人』至文堂
◇渕上清二著『近江商人ものしり帖(改訂版)』サンライズ出版
◇渕上清二著『近江商人の金融活動と滋賀金融小史』サンライズ出版
◇淡海文化を育てる会企画『近江商人と北前船』サンライズ出版
◇『商家の家訓』東近江市商人博物館
◇『近江商人物語・大福帳』五個荘町
◇「草の根県民史」企画編集委員会編『近江を築いた人びと(上・下)』県教育委員会事務局文化振興課
◇『近江の歴史を築いた人びと』県立琵琶湖文化会館

◇木村至宏・江竜喜之・西川丈雄ほか共著『近江人物伝』臨川書店
◇江南良三著『近江八幡人物伝』近江八幡市郷土史会
◇村井久子著『村市文書』
◇木村至宏編『図説・滋賀県の歴史』河出書房新社
◇渡辺守順著『郷土歴史人物事典(滋賀)』第一法規出版
◇五個荘町史編さん委員会編『五個荘町史(第二巻)近世・近現代』五個荘町役場
◇日野町史編さん委員会編『近江日野の歴史(第5巻・文化財編)』日野町
◇『水の浄土　琵琶湖』滋賀県教育委員会・滋賀県文化財保護協会
◇静岡県立美術館・滋賀県立近代美術館編集・発行『日本画の情景〜富士山・琵琶湖から〜』
◇琵琶湖ハンドブック編集委員会編『琵琶湖ハンドブック』
◇『琵琶湖を考えよう』滋賀日日新聞社
◇司馬遼太郎著『街道をゆく　近江散歩、奈良散歩』朝日新聞社
◇武陽隠士著・本庄栄治郎校訂『世事見聞録』岩波書店

人名索引

【あ】

浅見又蔵　あさみまたぞう　86

阿部一太郎　あべいちたろう　83

阿部市郎兵衛　あべいちろべえ　83・86

阿部房次郎　あべふさじろう　79・82・83・126

【い】

飯田儀兵衛　いいだぎへえ　74

飯田新七　いいだしんしち　70・74・234

池田遥邨　いけだようそん　131

石田梅岩　いしだばいがん　227

市田清兵衛　いちだせいべえ　66・116・222

市田弥一郎　いちだやいちろう　76・78・79

市田弥惣右衛門　いちだやそうえもん　78

伊藤忠兵衛　いとうちゅうべえ　76・79・120・142・172・200・232・236

伊藤長兵衛　いとうちょうべえ　76・79

伊庭貞剛　いばていごう　154・155・156・157・158

茨木杉風　いばらきさんぷう　133

井原西鶴　いはらさいかく　166

井伏鱒二　いぶせますじ　134

【う】

上田秋成　うえだあきなり　66

梅川東挙　うめかわとうきょ　132

【お】

近江屋半右衛門　おうみやはんえもん　186

大橋宇兵衛　おおはしうへえ　185

大村勝全　おおむらかつぜん　85

大村彦太郎　おおむらひこたろう　79・85

岡地勘兵衛　おかじかんべえ　12・88

岡田弥三右衛門　おかだやそうえもん　43・48・170

岡本綺堂　おかもときどう　127

岡本豊彦　おかもととよひこ　130

小倉榮一郎　おぐらえいいちろう　139

織田信長　おだのぶなが　28・30・32・36

小野慶蔵　おのけいぞう　72

小野権兵衛　おのごんべえ　70

小野善助　おのぜんすけ　70・71・72

【か】

梶井基次郎　かじいもとじろう　134

勝海舟　かつかいしゅう　77・149・152

角屋七郎兵衛　かどやしちろうべえ　8・88・92

亀屋左京　かめやさきょう　94・98

蒲生氏郷　がもううじさと　24・28・30・32

河路豊吉　かわじとよきち　131

川添益二郎　かわぞえますじろう　82

河村瑞賢　かわむらずいけん　38

【き】

北大路魯山人　きたおおじろさんじん　130・131

絹屋半兵衛　きぬやはんべえ　134

紀国屋文左衛門　きのくにやぶんざえもん　214

【こ】

児玉一造　こだまいちぞう　82・83

小林吟右衛門　こばやしぎんえもん　56・79・80・86・182

【さ】

薩摩治兵衛　さつまじへえ　55・79・127・218・234

薩摩治郎八　さつまじろはち　124・126・128

【し】

塩川文麟　しおかわぶんりん　124・128・130・132

司馬江漢　しばこうかん　59・124

司馬遼太郎　しばりょうたろう　119・120

下郷伝平　しもごうでんべい　86

下村彦右衛門　しもむらひこえもん　227

正野玄三　しょうのげんぞう　58・60・161

親鸞　しんらん　120・236

【す】

末次平蔵　すえつぐへいぞう　88

末吉孫左衛門　すえよしまござえもん　88

角倉了以　すみのくらりょうい　89

【せ】

瀬川安五郎　せがわやすごろう　72

瀬戸内晴美　せとうちはるみ　126

【た】

平清盛　たいらのきよもり　35

高井作右衛門　たかいさくえもん　62・163

高田善右衛門　たかだぜんえもん　102

竹内栖鳳　たけうちせいほう　130・131

太宰治　だざいおさむ　134

田付新兵衛　たつけしんべえ　50

【つ】

塚本喜左衛門　つかもときざえもん　79・86

塚本くの　つかもとくの　110

塚本権左衛門　つかもとごんざえもん　110

塚本定右衛門　つかもとさだえもん　76・77・79・134・150・228

塚本定次　つかもとさだじ　148・150・152・228

塚本さと　つかもとさと　104

塚本正次　つかもとしょうじ　150

塚本みつ　つかもとみつ　110

辻兼三　つじけんぞう　83

【と】

徳川家康　とくがわいえやす　23

外村吉太郎　とのむらきちたろう　134

外村繁　とのむらしげる　130・134

外村与左衛門　とのむらよざえもん　79・186・194・222・236

富岡鉄斎　とみおかてっさい　130・131

豊田佐吉　とよださきち　83・84
豊田利三郎　とよだりさぶろう　82・83・84
豊臣秀次　とよとみひでつぐ　36
豊臣秀吉　とよとみひでよし　29・35

【な】
内藤莞爾　ないとうかんじ　120
中井源左衛門　なかいげんざえもん　58・61・108・122・124・138・191・193・198・209・227
中井源左衛門良祐　なかいげんざえもんりょうゆう　148
中井正治右衛門　なかいしょうじえもん　140・148・149
中江勝治郎　なかえかつじろう　79・84・92
中江藤樹　なかえとうじゅ　74
中谷孝雄　なかたにたかお　134
中村治兵衛　なかむらじへえ　116・160・212
納屋助左衛門　なやすけざえもん　88
奈良屋茂左衛門　ならやもざえもん　214

【に】
西川貞二郎　にしかわていじろう　85・164
西川庄六　にしかわしょうろく　66・68・187
西川仁右衛門　にしかわじんえもん　221
西川甚五郎　にしかわじんごろう　64・94・96・97・162・198・221
西川伝右衛門　にしかわでんえもん　41・42・48・64・65・170
西川利右衛門　にしかわりえもん　66・68・226
西谷善太郎　にしたにぜんたろう　66・67
西村太郎右衛門　にしむらたろうえもん　12・64・66・88・89・90・92
西村半右衛門　にしむらはんえもん　186

【ぬ】
布屋市郎兵衛　ぬのやいちろべえ　185

【の】
野口謙蔵　のぐちけんぞう　130・132
野間清六　のませいろく　66・68
野村宇兵衛　のむらうへえ　132
野村文挙　のむらぶんきょ　130・132

【は】
原田孫七郎　はらだまごしちろう　88
伴蒿蹊　ばんこうけい　66・136
伴庄右衛門　ばんしょうえもん　64・66
伴伝兵衛　ばんでんべえ　64・66

【ひ】
菱川孫兵衛　ひしかわまごべえ　90
広瀬宰平　ひろせさいへい　136・155・156
弘世助市　ひろせすけいち　82
弘世助三郎　ひろせすけさぶろう　79・82

【ふ】
藤井善助　ふじいぜんすけ　77・79・102・104・124・125
藤井彦四郎　ふじいひこしろう　76・77・79
藤崎惣兵衛　ふじさきそうべえ　194
藤田嗣治　ふじたつぐはる　127

藤野四郎兵衛　ふじのしろべえ　79・144・164
藤野喜兵衛　ふじのきへえ　42
藤野辰次郎　ふじのたつじろう　79・164
藤原忠兵衛　ふじわらちゅうべえ　136
古河市兵衛　ふるかわいちべえ　72
古川鉄治郎　ふるかわてつじろう　79・140
【ほ】
堀井耕造　ほりいこうぞう　94
堀井新治郎　ほりいしんじろう　94・95
【ま】
松居久左衛門　まついきゅうざえもん　76・79・80・176
松居遊見　まついゆうけん　102
松浦七兵衛　まつうらしちべえ　98
【み】
宮本幸次郎　みやもとこうじろう　43
【む】
村井市左衛門　むらいいちざえもん　70・73
村井権兵衛　むらいごんべえ　71
村井新七　むらいしんしち　70・73
【め】
邨松雲外　むらまつうんがい　134
メレル・ヴォーリズ　86・140・142
【も】
本居宣長　もとおりのりなが　66
森寛斎　もりかんさい　132
【や】
矢尾喜兵衛　やおきへえ　61・62・163・194・210
矢野新右衛門　やのしんえもん　62
山岡孫吉　やまおかまごきち　82・94・95
山中兵右衛門　やまなかひょうえもん　61・62・144・163・222
山村平八　やまむらへいはち　222
山元春挙　やまもとしゅんきょ　130・132
【よ】
与謝蕪村　よさぶそん　66
【ら】
ラヴェル　127

地名索引

■協力者一覧

資料提供　伊藤勲、近江商人博物館、近江日野商人館、大宮神社、滋賀県立美術館、滋賀大学経済学部附属史料館、住友史料館、辻村耕司、東京都中央区京橋図書館、山梨県森林環境部県有林課、豊会館

執筆者　　渕上清二
装丁・本文デザイン　アートジャパン　村松幹三
イラスト　RINRIEデザイン　堤　理恵
図版制作　伊達デザイン室　田村尚子
編集協力　山﨑喜世雄、阿部假名子、山﨑淳子

■ NPO法人三方《さんぽう》よし研究所

三方よし研究所は、「売り手よし　買い手よし　世間よし」という近江商人の特性である「三方よし」の精神を、企業経営や広く社会活動の中で浸透していくことを目的として2001年に設立しました。「三方よし」の精神を現代的な観点から顕彰し、これからの企業経営や倫理的行動を支援していこうとしています。

〒522-0004 滋賀県彦根市鳥居本町655-1　サンライズ出版内
https://www.sanpo-yoshi.net

Q＆Aでわかる　近江商人

2010年９月15日　初版第１刷発行　　N.D.C.216
2021年８月20日　初版第２刷発行

企　画　NPO法人三方よし研究所

発　行　サンライズ出版
彦根市鳥居本町655－1
電話　0749－22－0627

印刷・製本　サンライズ出版株式会社

ISBN978-4-88325-424-8　C0034

Printed in Japan　定価はカバーに表示しています
乱丁・落丁本はお取り替えいたします。

近江商人の出身地と

滋賀県の移り変わり

昭和時代

1948年当時の市郡町村境と市・町を表示